MENSAJEROS
AL
CEREBRO

Nuestros Fantásticos Sentidos

Por Paul D. Martin
del personal de la
National Geographic Society

Estallido de cohetes en una lluvia de color. Emoción de la vista y del oído, los fuegos artificiales nos deleitan los sentidos.
JAKE RAJS / THE IMAGE BANK

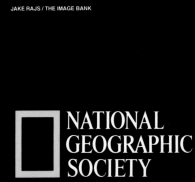

NATIONAL
GEOGRAPHIC
SOCIETY

*ana al mundo: El iris coloreado del ojo humano
a la oscura pupila, la cual regula la cantidad de luz
entra al ojo. Con luz brillante, los músculos del iris
n más pequeña la pupila, entrando menos luz al
Con luz débil, los músculos agrandan la pupila,
ndo más luz.*

ARTONYI / THE W.K. KELLOGG EYE CENTER / THE UNIVERSITY OF MICHIGAN

*ERTA: La célula nerviosa llamada neurona de la que
hecho el sistema nervioso, transporta los mensajes
acen que el cuerpo funcione. Los mensajes viajan
ma de pequeñísimos impulsos eléctricos.*

SER

en español
ght © 1994 C.D. Stampley Enterprises, Inc., Charlotte, NC USA
os derechos reservados
915741-54-7

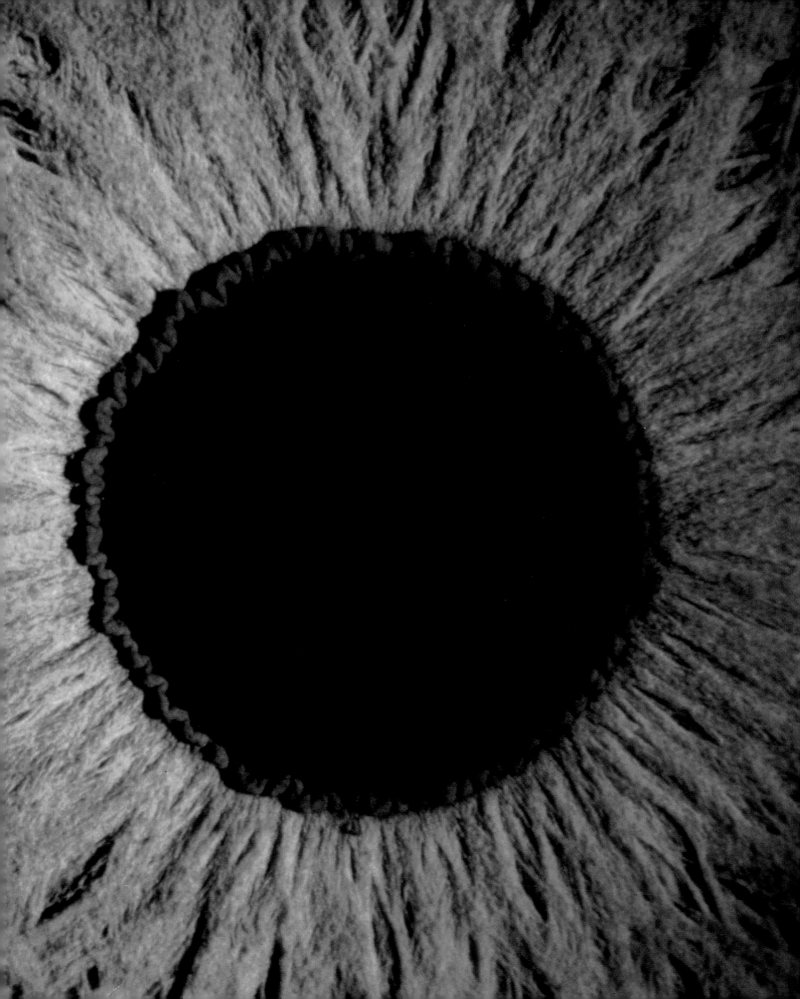

1

Los Fantásticos Sentidos

De la vista, olfato, gusto, oído y tacto, dependemos en todo momento. Sin nuestros sentidos, no podríamos saber dónde estamos o qué sucede a nuestro alrededor. Piensa en el ser indefenso que serías si de pronto no pudieras echar mano de tus sentidos. Imagínate, por ejemplo, que estás explorando una gran cueva y tu única fuente de luz es la llama de una vela. Al avanzar por un pasadizo sinuoso, el aire apaga la vela.

Te hallas en completa oscuridad; ni siquiera puedes ver tu mano cuando la acercas frente a tu rostro. No oyes el menor ruido; en la negrura, tratas de tocar la pared de la cueva, pero sientes el espacio vacío, como si estuvieras aislado del mundo. Entonces, te acuerdas de los cerillos en tu bolsillo; rascas uno, enciendes la vela… y continúas avanzando por el pasadizo.

Por unos instantes, no pudiste utilizar tus sentidos. Una sensación desagradable te llevó a percatarte de lo mucho que dependes de ellos, pues trabajan para ti en todo momento. Tus ojos ven el color de la mariposa; tu nariz percibe el perfume de la flor, tus dedos la suavidad del pelo de tu mascota, y tus oídos el sonido de la tuba en la orquesta. Los sentidos te alertan de las cosas que pueden dañarte, luces que pueden cegarte, sonidos que lastimarían tus oídos. Te avisan del peligro cuando algo es venenoso o cuando algo está muy caliente para tocarlo.

Con todo y su importancia, son sólo el principio de la red de comunicaciones que te permite experimentar y reaccionar frente a lo que te rodea. Tus sentidos envían mensajes que, a través de los nervios, llegan a la médula ósea y al cerebro. Éste interpreta inmediatamente esos mensajes y le dice a tu cuerpo cómo reaccionar. Como un sistema telegráfico, esta red formada por el cerebro, la médula ósea y los nervios opera las 24 horas del día. A tu izquierda y en las páginas siguientes puedes ver cómo trabajan tus sentidos.

Los misterios del mundo se descubren a través de los sentidos. Esta niña observa los huevos en el nido. A lo largo de nuestra vida, usamos los sentidos para descubrir y entender el mundo.

Las luces giran en los carruseles del festival de Calgary, en Canadá. Tus ojos continuamente reciben información de lo que sucede a tu alrededor. Te dicen cuándo no debes cruzar la calle, dónde puedes conseguir un bocadillo o un helado, o qué películas pasan en el cine. Pero no sólo reúnen información; también te permiten disfrutar un mundo de imágenes placenteras, como un colorido atardecer, el fulgor de las estrellas en una noche clara... y los rostros de tus seres queridos.

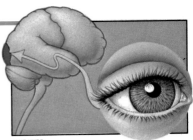

JANE HURD

TUS OJOS, OREJAS, NARIZ, BOCA Y PIEL TIENEN ZONAS SENSITIVAS LLAMADAS RECEPTORES DE LOS SENTIDOS. LOS MENSAJES CAPTADOS POR DICHOS RECEPTORES VIAJAN A ZONAS ESPECIALES DE LA CORTEZA CEREBRAL, LA PARTE EXTERIOR DEL CEREBRO. EN EL DIBUJO VEMOS A DÓNDE LLEGAN LOS MENSAJES VISUALES.

El Envío de Imágenes al Cerebro

Nuestros ojos recogen más información sobre lo que nos rodea que cualquier otro órgano sensorial. En casi todo lo que hacemos, leer, escribir, jugar, dependemos de ellos.

DAVID FALCONER

Jóvenes ciclistas pedalean en un festival infantil (derecha). Por su gran colorido y combinación de movimiento y sonido, los desfiles ponen en acción todos nuestros sentidos. El desfile de la foto se lleva a cabo cada año en una ciudad de la región de Oregon, en Estados Unidos.

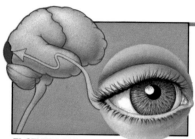

EL CENTRO DE LA VISIÓN EN LA CORTEZA CEREBRAL

La nave espacial COLUMBIA *se remonta hacia el cielo en esta imagen por computadora (abajo). La computadora le ha añadido lo que los ingenieros llaman el código de color. En la imagen, los distintos colores muestran las temperaturas de la nave y del aire que la rodea. La temperatura más alta está en rojo: la explosión del cohete de la nave. Otras zonas calientes están en amarillo. Las zonas más frías son de color azul y negro. Estas imágenes por computadora se llaman termogramas. Éste mostró a los científicos que, durante el vuelo, la temperatura de la nave fue la correcta.*

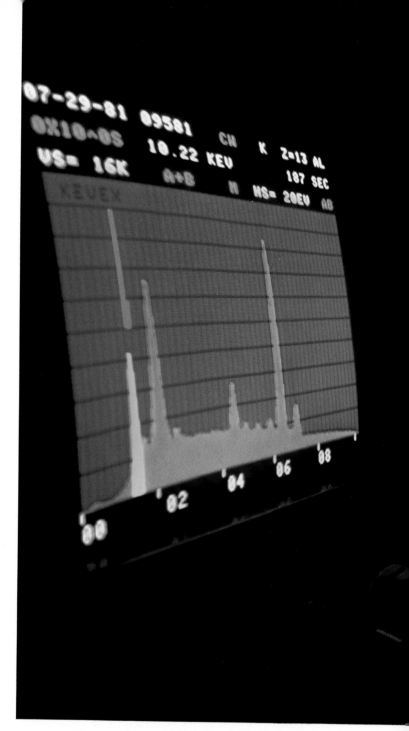

HOWARD SOCHUREK

Un especialista en metales de Rockwell International, en Michigan, Estados Unidos (arriba), trabaja con la computadora y un potente amplificador llamado microscopio electrónico. Usa estos aparatos para verificar si hay defectos en una muestra de metal. Los científicos y otros profesionales dependen de máquinas como éstas para poder ver cosas que no se ven a simple vista. Mediante esta técnica, los ingenieros pueden trazar imágenes de cosas que todavía no se han materializado, como el diseño de un nuevo automóvil.

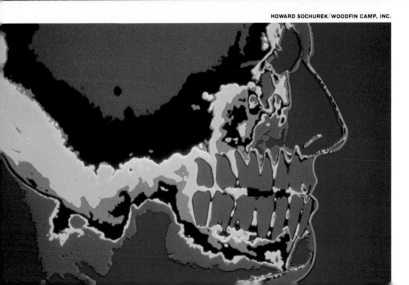

Los diferentes colores proporcionan otra clase de información en esta imagen de cabeza humana(izquierda). Los colores indican qué tan densas, o concentradas, son las partes de la cabeza. Las partes más duras, como el cráneo y los dientes, aparecen en rojo, y las más blandas, como la nariz y la garganta, en azul oscuro. Cuando ciertos colores aparecen en lugares donde no es habitual, ello indica a los médicos de qué padece una persona. Esta imagen se llama barrido de densidad, y fue creada por una computadora al proporcionar diferentes colores a las sombras de grises de una radiografía en blanco y negro.

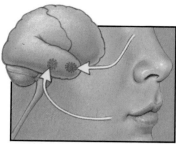

JANE HURD

LOS CENTROS DEL GUSTO (MAGENTA) Y EL OLFATO (MORADO) EN LA CORTEZA CEREBRAL

Los Sentidos del Gusto y del Olfato

Los dos sentidos trabajan por separado y tienen distintas vías al cerebro. Cuando comes, los dos sentidos trabajan juntos. Sin ellos, no podrías disfrutar la comida.

En la cocina de pruebas de McCormick and Co., Inc., compañía fabricante de especias, estas niñas prueban una muestra de salsa para espagueti (abajo). Tracey, de 10 años, a la izquierda, y su hermana Jeannine, de 13, prueban para la compañía una nueva receta.

Los probadores se relamen de gusto cuando Carolyn Manning, una encargada en McCormick, retira los espagueti listos de la cocina. El placer de la comida comienza juzgando su olor y su aspecto. Cuando comes, diminutos sensores en tu boca, llamados papilas gustativas, perciben los diferentes sabores. El sabor de la comida depende también de su aroma.

SUSAN T. MCELHINNEY

El placer de las especias: A punto de morder un delicioso hot dog. ¡Mmmmm! ¿No se te hace la boca agua? El catsup y la mostaza hacen más apetitoso el hot dog de la niña. Las papilas gustativas sólo reconocen cuatro sensaciones básicas de sabor: agrio, salado, dulce y amargo. Estas cuatro sensaciones se combinan con los aromas percibidos por el olfato para producir la mayoría de los sabores que experimentamos.
PIERRE KOPP/WEST LIGHT

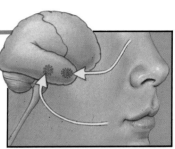

DAVID ALAN HARVEY/WOODFIN CAMP, INC.

*Contemplando cómo mamá le da vuelta a un huevo
frito, los pequeños disfrutan el aroma de un desayuno
en el campo (arriba). El sentido del olfato es mucho
más sensible que el del gusto. La mayoría de las personas
pueden distinguir una sustancia después de haber olido
unas cuantas partículas de ella. Pero se necesitan muchas
más partículas para que se pueda distinguir su sabor.*

*Esta niña de seis años, Lauren, descubre que al asar un
malvavisco se cambia su sabor y su textura (derecha). Los
malvaviscos y demás comidas dulces nos gustan a la mayoría
de las personas desde que nacemos. Algunas personas
aprenden a disfrutar el sabor de alimentos que al principio
no les gustaban, como el hígado o las espinacas. Pero otros
nunca aprenden a disfrutar ciertos sabores. Muchos
venenos, por ejemplo, tienen un sabor amargo. Nuestra
natural aversión a tales sabores nos protege de ingerir las
sustancias amargas.*

ROY MORSCH/THE STOCK MARKET

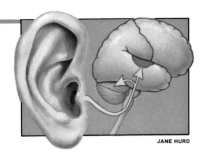

LOS CENTROS DE LA AUDICIÓN
(VERDE OSCURO) Y DEL EQUILIBRIO
(VERDE CLARO) EN EL CEREBRO

Audición y Equilibrio

Tu sentido de la audición te permite comunicarte mediante el habla. Además de los receptores de la audición, tus oídos contienen órganos con los que el cerebro te proporciona el sentido del equilibrio.

Estas jovencitas disfrutan la lectura al aire libre en un parque de Nueva York (izquierda). Tus oídos perciben a diario millares de sonidos; sin embargo, tu cerebro sólo selecciona algunos de ellos. Aunque los automóviles circulen cerca, la niña que escucha la lectura no los oirá.

RICHARD STEEDMAN/THE STOCK MARKET

JULIE HABEL

Gracias al oído, la niña puede entender lo que la otra le susurra en secreto. Quien padece sordera después de haber aprendido a hablar puede, a pesar de ello, seguir hablando. Pero quien nace sordo tiene dificultades para aprender a hablar. Ello se debe a que el lenguaje hablado lo aprendemos imitando las palabras que oímos.

15

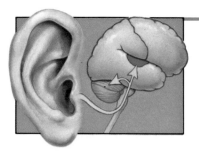

LOS CENTROS DE LA AUDICIÓN (VERDE OSCURO) Y DEL EQUILIBRIO (VERDE CLARO) EN EL CEREBRO

Sin el sentido de la audición, estas dos jovencitas no podrían bailar al ritmo de la música del radio (abajo). La audición no sólo nos permite oír música o hablar con los demás; también nos ayuda a protegernos. Gracias a ella, percibimos sonidos de alerta, como las bocinas de los coches, las sirenas, o las alarmas de incendios.

Mientras su perro Sam escucha con atención, Laurel Bennert Ohlson toca el cuerno francés (arriba). Laurel, de la Orquesta Sinfónica Nacional de Wáshington, D.C., dice que a Sam le gusta oírla. El oído del perro es más agudo que el del ser humano; pero en un músico, es lo bastante sensible como para distinguir a un solo instrumento tocando en una gran orquesta.

La música es más que mera diversión para los indios de Santa Clara, Nuevo México. En la foto de arriba, un niño indio toca el tambor durante una ceremonia en honor del santo patrono del pueblo. La música ha sido, desde la antigüedad, una parte importante de las actividades religiosas y sociales de todos los pueblos del mundo.

17

Eddie camina asido a la cola de Trueno, el pony sobre el que cabalgan sus hermanos, en los alrededores de la granja de la familia. Los más jóvenes seguramente no se dan cuenta, pero sus oídos les ayudan a montar a Trueno. Cierta parte del oído envía señales al cerebro informándole en dónde se encuentra la cabeza en relación con el suelo. Entonces, el cerebro pone en acción los músculos necesarios para mantener el equilibrio.

JULIE HABEL

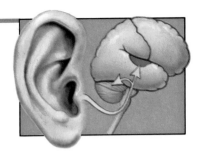

LOS CENTROS DE LA AUDICIÓN (VERDE OSCURO) Y DEL EQUILIBRIO (VERDE CLARO) EN EL CEREBRO.

Audición y Equilibrio

Además de percibir los sonidos, el oído contiene los órganos del equilibrio que indican al cerebro cuándo mover la cabeza en cualquier dirección.

Campeona de piruetas: Sally da, por primera vez, una voltereta completa. El hecho sorprendió a su padre. "Él no creía que podría al primer intento", dice Sally. Las señales enviadas por su oído al cerebro le permitieron sostenerse en equilibrio sobre sus manos.

CLYDE H. SMITH/PETER ARNOLD, INC.

JULIE HABEL

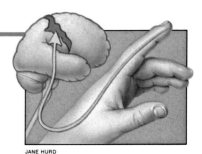

EL CENTRO DEL TACTO EN LA CORTEZA CEREBRAL

Tacto: Mensajes de Sensaciones

Los receptores sensitivos de tu piel te permiten sentir el mundo que te rodea. Además del tacto, estos receptores te permiten sentir el dolor, el calor y el frío.

Estas niñas (izquierda) comparten un momento agradable mientras abrazan a su madre. El ser humano suele manifestar el afecto mediante el sentido del tacto. Ciertas zonas del cuerpo, como los labios, son más sensibles al tacto que las demás, lo que explica por qué un beso es agradable.

La sensación que transmite la piel de la rana es "fría y húmeda", nos dice Tim, quien encontró la rana en un charco de agua. Tu piel contiene numerosos receptores sensitivos. También posees receptores sensitivos en el interior de tu cuerpo que informan a tu cerebro de lo que allí ocurre.

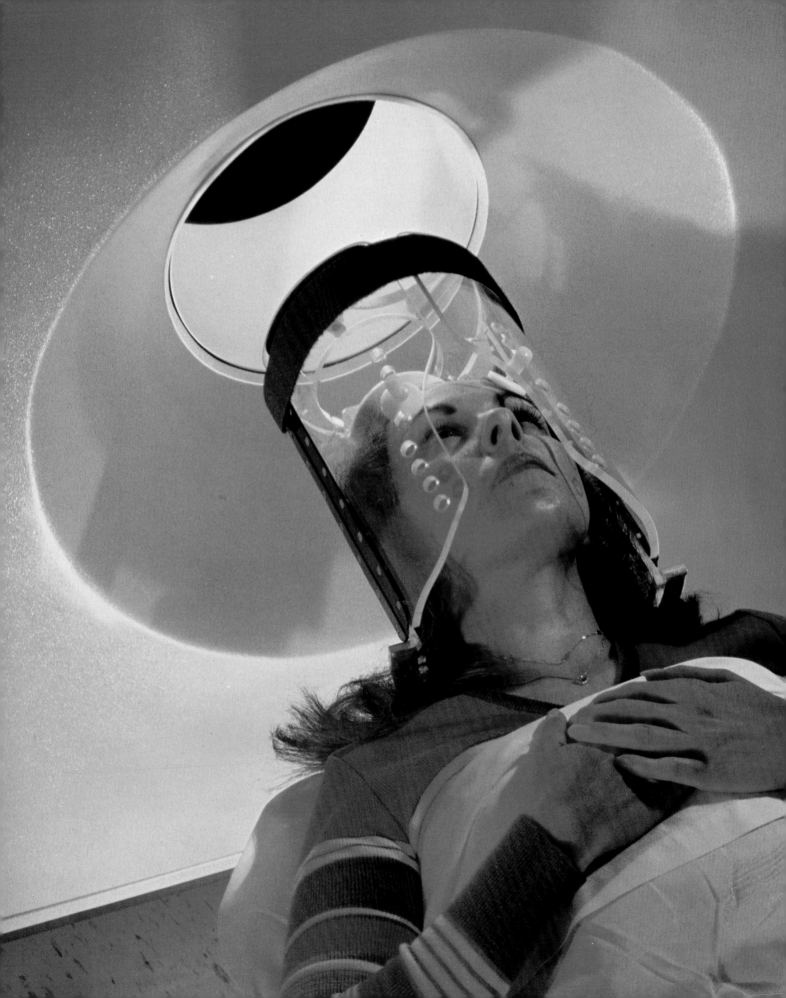

2

El Sistema Nervioso Central

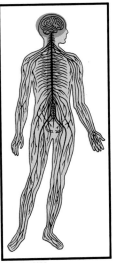

Tu cerebro es la parte más valiosa de tu cuerpo. Ella es la que hace que ¡tú seas tú! Potente centro de almacenamiento, tu cerebro registra en forma de recuerdos todo lo que experimentas. Tus pensamientos y sensaciones dependen de él. De hecho, la complejidad de tu cerebro es lo que hace de ti un ser humano. Te permite comunicarte con los demás a través del lenguaje; hace que sientas alegría o tristeza; te permite resolver problemas, moverte y pensar en el futuro.

El cerebro es también el centro de control de todo el cuerpo. Es la parte más importante de la red interna de comunicación conocida como sistema nervioso. El sistema nervioso comprende el cerebro, la médula espinal y la red de fibras nerviosas que, desde éstos, llegan a cualquier parte del cuerpo. El cerebro y la médula espinal constituyen el sistema nervioso central.

Mucho más complejo y eficiente que cualquier computadora, tu cerebro recibe constantemente información de tus sentidos sobre lo que ocurre fuera y dentro de tu cuerpo. Los mensajes viajan en forma de impulsos electroquímicos, corrientes eléctricas provocadas por sustancias químicas. El cerebro analiza instantáneamente esta información y envía impulsos que ordenan a tu cuerpo entrar en acción y lo mantienen en operación y sin problemas.

La médula espinal es como la tubería por la que fluye casi toda la información que llega al cerebro y que sale de él; recibe información de las partes del cuerpo que se encuentran más abajo del cuello y envía órdenes para el movimiento. La información desde la cabeza llega directamente al cerebro. Sin el cerebro y la médula espinal, que interpretan y reaccionan a las señales de los sentidos, éstos no nos servirían para nada. Serían como una estación de televisión transmitiendo un programa sin que hubiera aparatos receptores para captarlo.

Esta paciente se prepara para ser examinada con una máquina llamada escáner PET. PET son las siglas de lo que en inglés significa tomografía por emisión de positrones. El escáner mide los diferentes niveles de la actividad cerebral. Una computadora asigna un color a cada nivel y los muestra en una pantalla. Los médicos pueden estudiar las imágenes para examinar el interior del cerebro. El escáner PET es una de las muchas herramientas que la medicina moderna usa para estudiar el cerebro.

El objeto más misterioso del cuerpo: El cerebro humano revela su superficie rugosa en la imagen dibujada por computadora (abajo). Durante siglos, se ha tratado de entender el cerebro. Sólo hasta hace poco los científicos han comenzado a descubrir algunos de los secretos que muestran cómo trabaja este complicado órgano.

HOWARD SOCHUREK

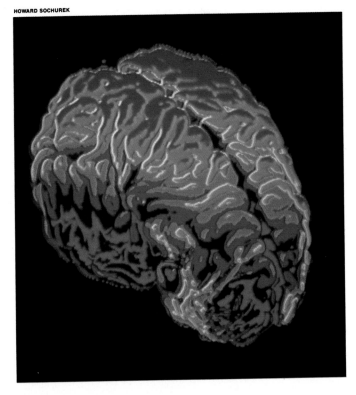

La Exploración del Cerebro

Si pudieras viajar a través del cerebro humano, ¡te llevaría tiempo! El cerebro es la parte más asombrosa de nuestro cuerpo y el objeto más complicado conocido en el universo.

El encéfalo, como llamamos también al gran centro nervioso contenido en el cráneo, consta de tres partes principales, el tallo encefálico, el cerebelo y el cerebro, cada una de las cuales desempeña funciones específicas.

El tallo encefálico controla las acciones de los órganos internos como el corazón y los pulmones. Trabaja tanto si estás despierto como dormido, y funciona también como estación repetidora entre las partes del encéfalo y el resto del sistema nervioso: los mensajes del cuerpo viajan por la columna vertebral hasta el tallo encefálico; una parte de éste separa y analiza esas señales y las retransmite a otras partes del cerebro.

Detrás del tallo encefálico se encuentra el cerebelo. Su cometido es controlar la postura y coordinar los músculos durante el movimiento. Esto es, si quieres atarte los cordones de tus zapatos, el cerebelo permite que tus dedos trabajen de manera coordinada para ello.

Del encéfalo, la parte más importante es el cerebro, dividido en dos hemisferios o mitades. En el cerebro se originan tus pensamientos, y en él está almacenada la memoria. Es también el lugar donde sucede el aprendizaje.

Los científicos han descubierto que el hemisferio cerebral izquierdo controla el lado derecho del cuerpo y el hemisferio derecho controla el lado izquierdo. Los dos hemisferios al parecer controlan diferentes tipos de actividad mental. El izquierdo controla la capacidad de razonar, como la que se emplea en el lenguaje y las matemáticas. El hemisferio derecho controla las emociones y la habilidad de ver las cosas como un todo, en vez de sus partes.

(Continúa en la página 26)

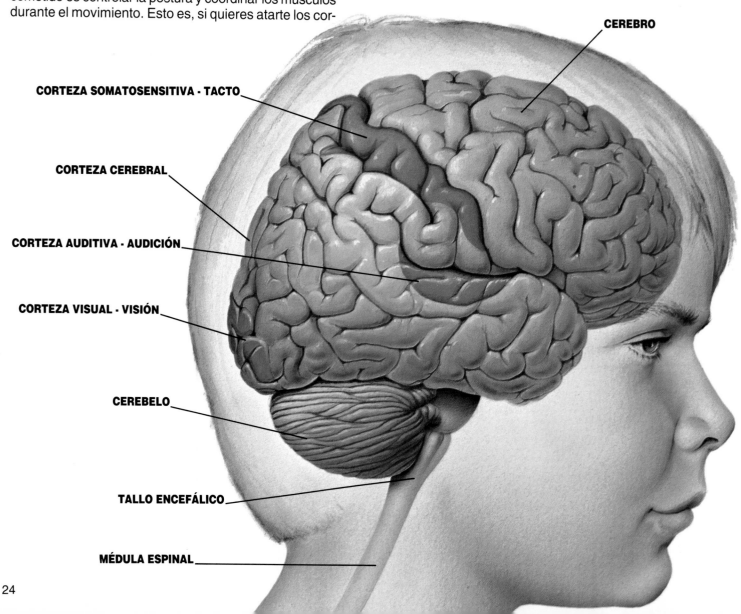

CEREBRO

CORTEZA SOMATOSENSITIVA - TACTO

CORTEZA CEREBRAL

CORTEZA AUDITIVA - AUDICIÓN

CORTEZA VISUAL - VISIÓN

CEREBELO

TALLO ENCEFÁLICO

MÉDULA ESPINAL

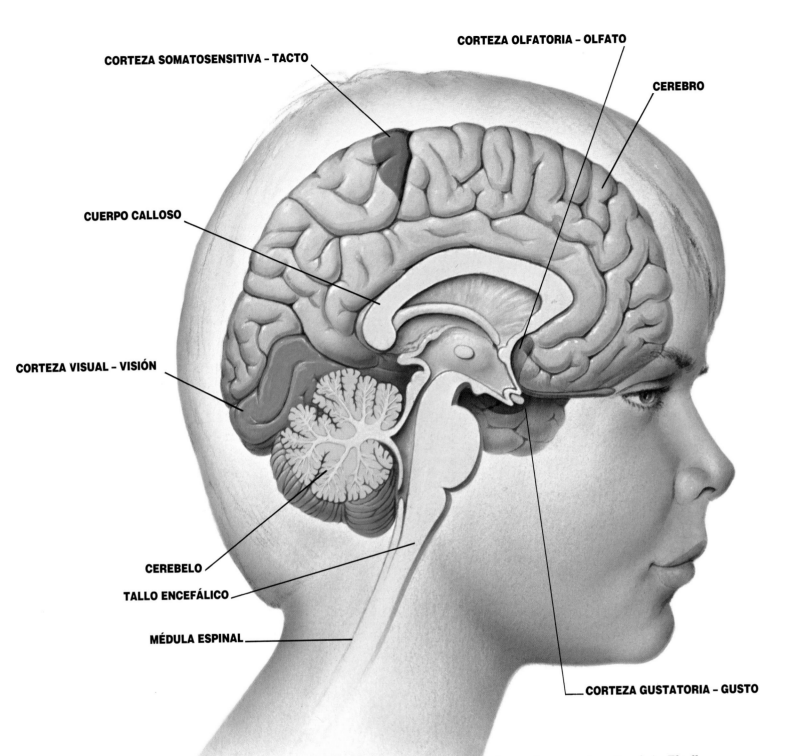

CORTEZA SOMATOSENSITIVA – TACTO

CORTEZA OLFATORIA – OLFATO

CEREBRO

CUERPO CALLOSO

CORTEZA VISUAL – VISIÓN

CEREBELO

TALLO ENCEFÁLICO

MÉDULA ESPINAL

CORTEZA GUSTATORIA – GUSTO

JANE HURD

Esquema de la mente. Los mensajes que envían los sentidos viajan por los nervios hasta la capa delgada exterior del cerebro, la corteza cerebral. Ésta es sólo una parte de un grosor de 2.5 cm. Pero debido a sus numerosas circunvoluciones, o pliegues, tiene una gran superficie. Algunos sentidos "escriben" sus mensajes en áreas específicas de la corteza cerebral. El dibujo de la izquierda muestra las zonas primarias de los sentidos sobre los que se registran el tacto, la audición y la visión. La estructura interna del cerebro posee partes especializadas que desempeñan diferentes funciones. El dibujo de arriba muestra el cerebro como si estuviera cortado por el centro y de arriba abajo. El tallo encefálico conecta al cerebro con la médula espinal. El cerebelo controla la postura (posición del cuerpo en el espacio) y la coordinación muscular. El cuerpo calloso une las mitades derecha e izquierda del cerebro. La corteza cerebral forma parte de la zona más grande del encéfalo, el cerebro. Los mensajes que alcanzan las zonas primarias de los sentidos en la corteza cerebral se dirigen después a otras partes de ésta, donde se combinan con mensajes que llegan de otros sentidos para formar una experiencia completa.

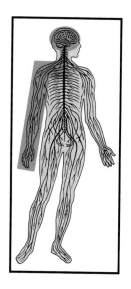

EL SISTEMA NERVIOSO CENTRAL Y LOS NERVIOS QUE SALEN DE ÉL REGULAN TODO EL CUERPO.

(Continúa de la página 24)

La superficie exterior del cerebro se llama corteza cerebral. Está formada por una delgada capa grisácea de células nerviosas. Ciertas zonas de ella reciben la información recogida por los receptores de tus ojos, oídos y tacto en todo el cuerpo. Otra zona, la corteza motora, envía hacia afuera mensajes que controlan todos tus movimientos voluntarios (los que tú decides realizar).

La parte más grande de la corteza cerebral son las zonas de asociación. Se cree que éstas permiten coordinar y procesar la información que los sentidos envían al cerebro. Aunque queda todavía mucho por averiguar, las zonas de asociación son probablemente donde ocurre el pensamiento y el entendimiento. Se cree que estas zonas, en algunas partes de la cabeza, tienen que ver con la memoria. Otras tienen que ver con la interpretación del significado de las palabras.

He aquí un ejemplo de cómo trabajan las zonas de asociación: Oyes un susurro cerca y volteas tus ojos hacia él. El sonido llega instantáneamente a una parte del cerebro. Lo que ves, un pequeño objeto volador, llega a otra zona distinta. Al instante, las zonas de asociación en tu corteza comparan el sonido y la visión con cosas que ya has oído y visto, y te dicen: "colibrí".

En estas páginas y en las siguientes verás cómo viajan los mensajes desde todas las partes del cuerpo hasta el cerebro. Verás también las células nerviosas y entenderás cómo se comunican entre sí.

El tacto de la nariz de un ternero (derecha) provoca una reacción en cadena. En cuanto el ternero toca ligeramente la mano de la niña, los receptores de tacto-presión (zonas sensitivas para el tacto) en el dedo de la niña envían señales por las fibras nerviosas hasta la médula espinal y el cerebro. Las células nerviosas en el cerebro de la niña traducen las señales diciéndole que la nariz del ternero se siente fría y húmeda.

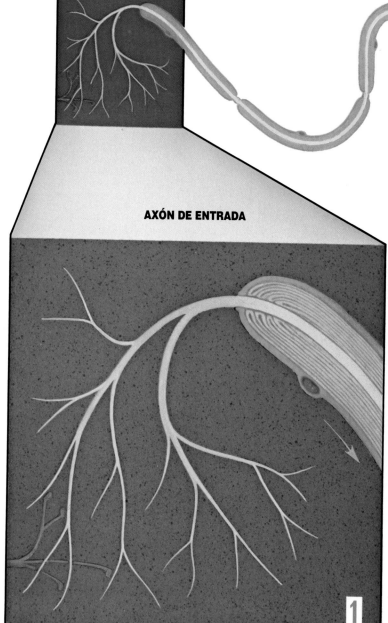

AXÓN DE ENTRADA

JANE HURD

1

JULIE HABEL

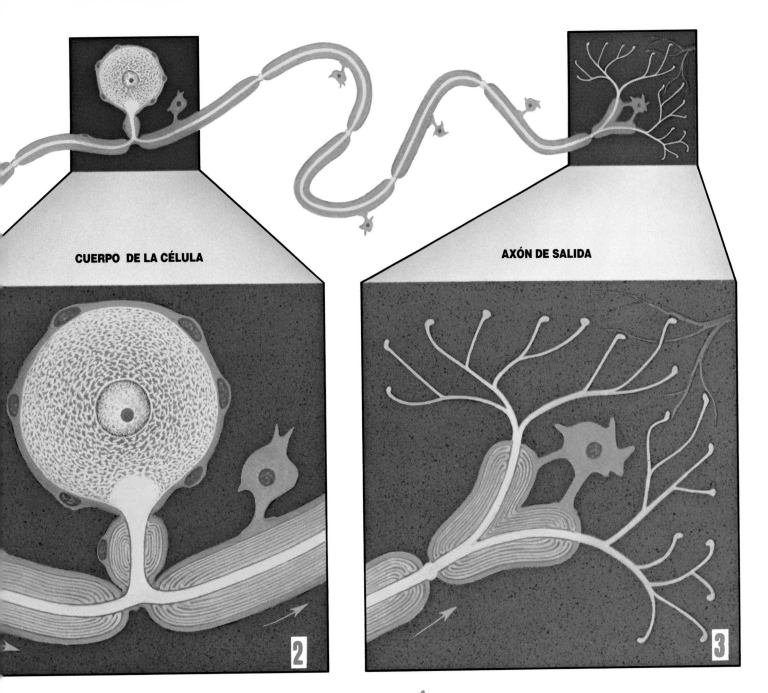

CUERPO DE LA CÉLULA

AXÓN DE SALIDA

La célula nerviosa llamada neurona, *de la que está hecho el sistema nervioso, transporta los mensajes que hacen que el cuerpo funcione. Los mensajes viajan en forma de pequeñísimos impulsos eléctricos. Hay varias clases de neuronas. Algunas llevan los impulsos desde los órganos de los sentidos al cerebro. Otras los transportan desde el cerebro o la médula espinal hasta los músculos y los órganos internos. Otras más ejecutan su trabajo totalmente dentro del sistema nervioso central. La neurona de los dibujos de arriba transmite los impulsos nerviosos desde los receptores de los sentidos, como los que se encuentran en la piel, hasta las neuronas de la médula espinal. El dibujo superior muestra cómo son estas células nerviosas. En los tres dibujos grandes se ven el axón de entrada, el cuerpo celular y el axón de salida de la célula.*

1 *El axón de entrada tiene terminaciones que se ramifican como las raíces de un árbol. Cuando el dedo envía impulsos nerviosos, las ramificaciones los captan.*

2 *El cuerpo esférico de la célula recibe los impulsos desde el axón de entrada y los envía afuera por el axón de salida. Las pequeñas células gliales unidas a los axones y al cuerpo celular sostienen la neurona. Algunas forman una cubierta que aísla eléctricamente a los axones.*

3 *El axón de salida puede tener varias ramificaciones en su extremo. Cada rama acaba en un pequeño nudo o terminal. El punto en que la terminal de un axón de salida se comunica con otras neuronas vecinas se llama sinapsis. Los impulsos cruzan la sinapsis y continúan a través de la siguiente neurona.*

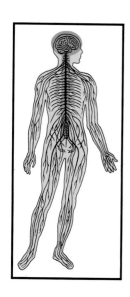

DISTRIBUCIÓN EN EL CUERPO DE LOS NERVIOS PERIFÉRICOS. TRANSPORTAN MENSAJES AL SISTEMA NERVIOSO CENTRAL Y DESDE ÉL.

Neuronas y Nervios

¿Cómo se mantiene informado tu cerebro de lo que sucede en tu cuerpo? Mediante una red de nervios que conectan los receptores de los sentidos a través de él, y que se conoce como sistema nervioso periférico. Sus nervios transportan los impulsos a la médula espinal y el encéfalo.

Sin el sistema nervioso periférico que lo une al cuerpo, el sistema nervioso central sería como un rey encerrado en su castillo y aislado del mundo. Los nervios periféricos llevan al sistema nervioso central la información necesaria para gobernar su "reino".

Del encéfalo se ramifican doce pares de nervios, y de la médula espinal, treinta y un pares. Los nervios que transportan los mensajes al encéfalo y la médula espinal se llaman sensitivos. Llevan las señales de entrada desde los receptores de los ojos, oídos y demás partes del cuerpo. Los nervios que llevan afuera los mensajes del sistema nervioso central se llaman motores. Transmiten órdenes que originan que los músculos se contraigan y los órganos funcionen.

El sistema nervioso periférico también tiene nervios autónomos. Éstos, como los motores, transportan mensajes del sistema nervioso central a las demás partes del cuerpo. Los nervios motores transportan los mensajes que controlan las cosas que quieres hacer, como saltar o caminar. Los autónomos llevan mensajes que controlan las acciones automáticas del cuerpo, como la dilatación de los pulmones cuando respiras, o la apertura y el cierre de los vasos sanguíneos.

Los impulsos nerviosos viajan a diferentes velocidades en distintas clases de fibras nerviosas. Una cubierta de grasa, la mielina, aumenta la velocidad de los impulsos. En los nervios cubiertos de mielina, éstos pueden ir a 91 m/s*; en los nervios que no tienen mielina, la velocidad es de unos 91 a 122 cm/s.

*Las cantidades del Sistema Métrico Decimal se dan redondeadas.

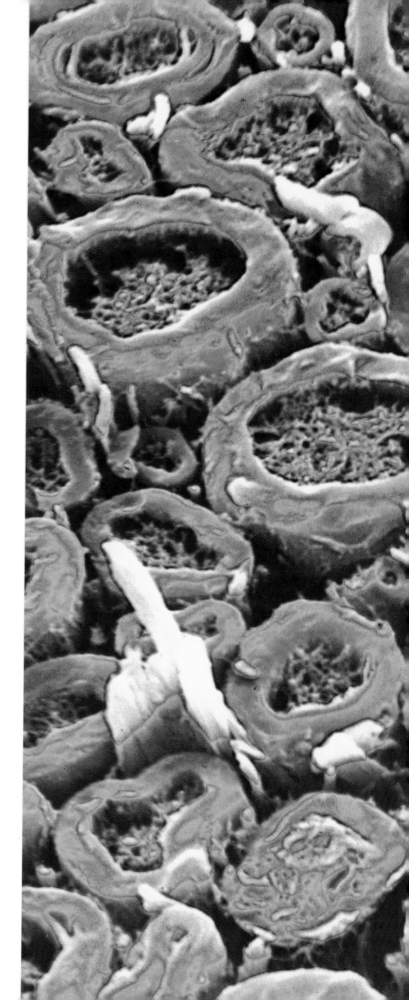

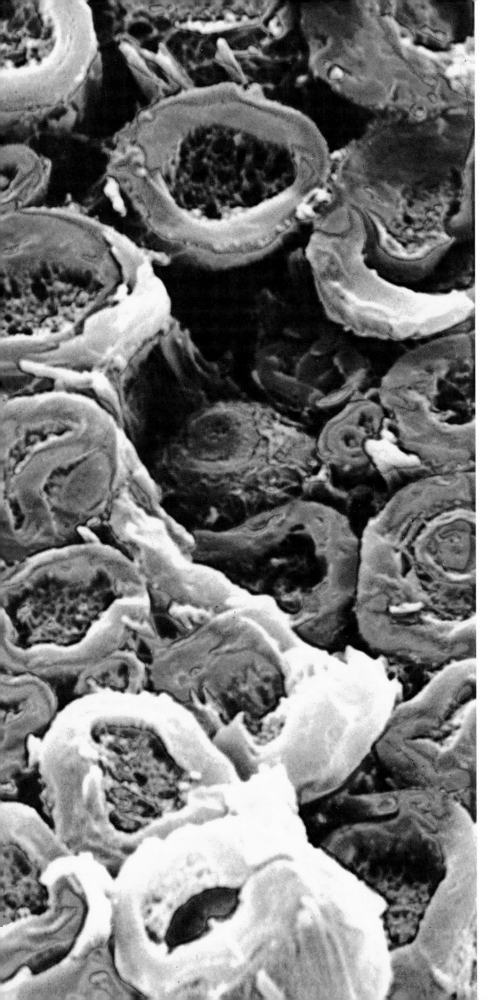

Las fibras nerviosas son como los hilos telefónicos dentro de un cable (izquierda). Transportan información al sistema nervioso central y desde él. Constan de axones largos que se ramifican de las células nerviosas del encéfalo y médula espinal. Las células gliales tienen algunos axones recubiertos de mielina. El grupo de axones forma un haz nervioso único. Éste se ha aumentado aquí 2,775 veces.

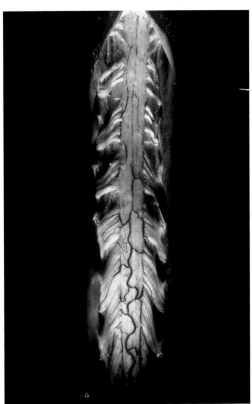

La médula espinal (arriba), el enlace principal del encéfalo con el resto del cuerpo, se extiende desde la cabeza hasta el extremo inferior de la espalda. La columna vertebral rodea y protege este delicado hilo. A la médula se conectan treinta y un pares de nervios. En la foto vemos los nervios que se insertan en la parte posterior de la médula. Estos nervios llevan los mensajes desde todas las partes del cuerpo a la médula espinal.

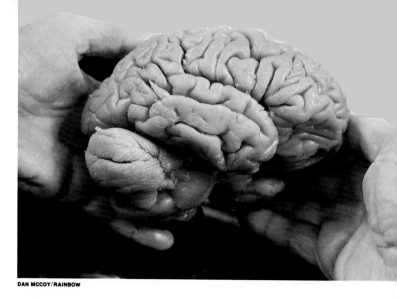

Rugoso como una nuez, el cerebro humano adulto
(derecha) pesa 1.5 kg. Durante los primeros meses de
vida de un bebé, su cerebro pesa 0.5 kg, y alcanza su
tamaño normal a los seis años. Este modelo se hizo con
un molde de un cerebro real. La toma muestra el lado
derecho del mismo. En realidad, su color es gris rosado.
Está formado por 85% de agua y es tan blando que
perdería su forma si no estuviera dentro del cráneo.
Debido a su intenso trabajo, necesita mucha
alimentación. Este importante órgano constituye apenas
el 2% del peso total del cuerpo; pero consume casi el
20% del suministro corporal de oxígeno.

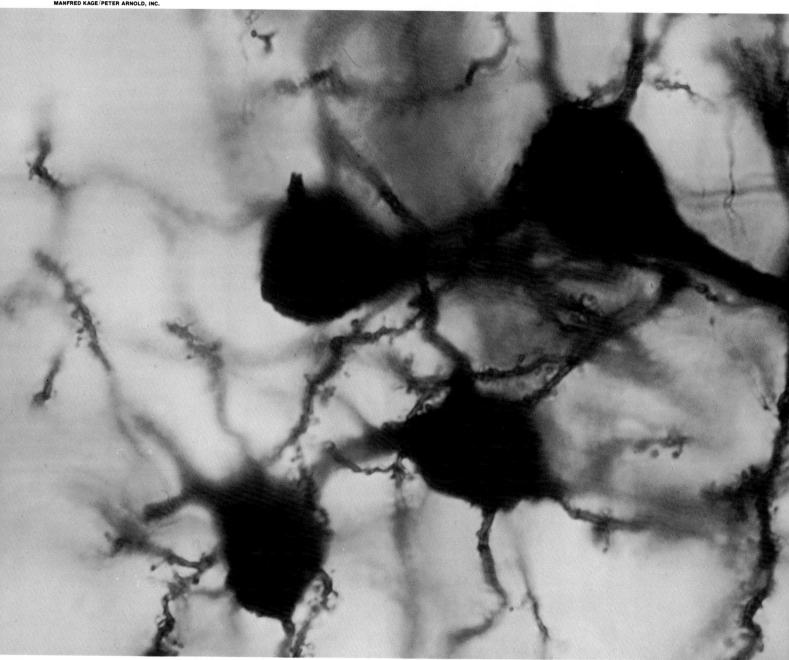

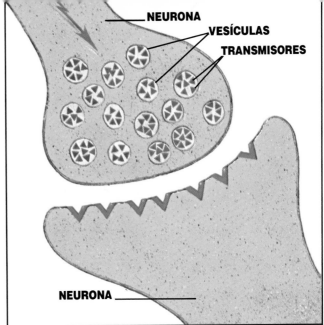

Las células nerviosas se entrelazan para formar una red de comunicación en el cerebro (abajo). Estas neuronas actúan como "intermediarias" en el envío y la recepción de impulsos. Si observas con atención, verás que cada una de ellas está formada por un cuerpo celular en forma de pirámide y varios filamentos muy finos uno de los cuales es más largo que los demás. Los más cortos, llamados dendritas, transportan los impulsos al interior del cuerpo celular. El más largo, el axón, transporta los impulsos desde el cuerpo celular a otras neuronas. Las neuronas forman innumerables vías nerviosas en el cerebro. En la foto, se han aumentado 1,200 veces y se les ha añadido colorante para verlas mejor.

JANE HURD

El lenguaje de las células nerviosas: Los dibujos de arriba y de abajo muestran cómo pasa el impulso nervioso de una neurona a otra. El lugar donde las neuronas liberan los impulsos se llama sinapsis. Los impulsos atraviesan las neuronas como corrientes eléctricas. La mayoría cruza las sinapsis como mensajes químicos. Arriba, el impulso se aproxima a la terminal de la fibra nerviosa. El extremo de ésta contiene numerosos sacos llamados vesículas. Éstas contienen las sustancias químicas llamadas transmisores. Cuando el impulso eléctrico alcanza la terminal (abajo), las vesículas liberan los transmisores en la hendidura sináptica o separación entre dos neuronas. Los mensajeros químicos cruzan la hendidura y se unen a los receptores de la célula vecina, generándose una nueva señal eléctrica.

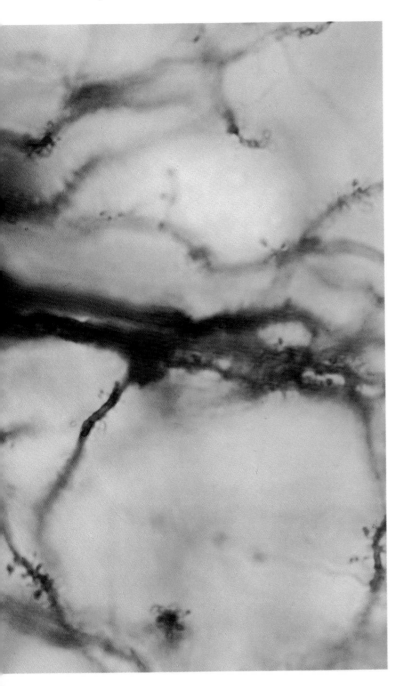

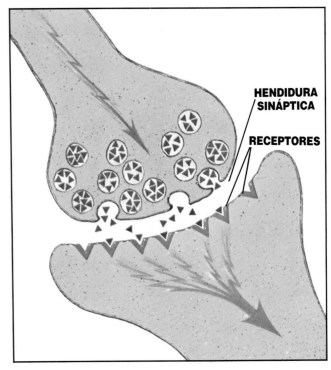

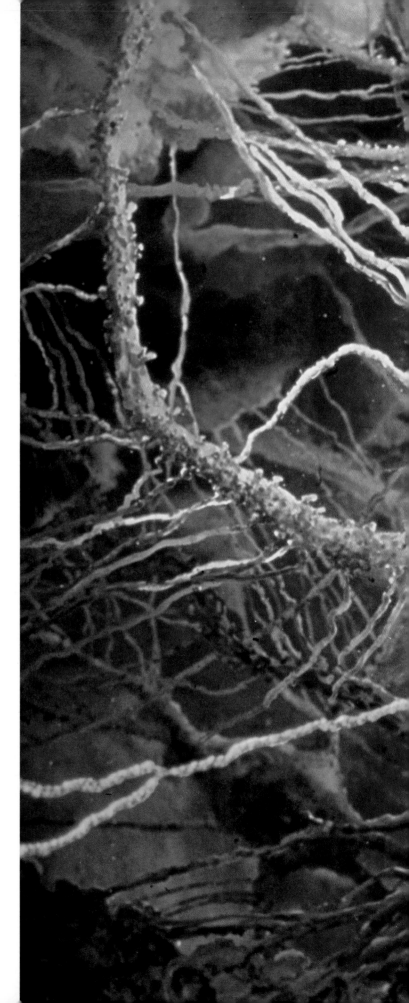

La Red de Comunicaciones del Cerebro

La información desde los receptores sensitivos en tu cabeza y cuello, incluyendo los de tus ojos, nariz y oídos, viaja directamente al cerebro. La información desde los receptores en el resto del cuerpo pasa antes a la médula espinal. Ésta está formada de un núcleo de "materia gris" (las células nerviosas y la glía) con una envoltura de "materia blanca" (las fibras nerviosas). Gruesos haces de fibras nerviosas, los fascículos nerviosos, funcionan sin cesar llevando los impulsos entre tu cerebro y el resto del cuerpo.

Excepto para los mensajes olfatorios, toda la información de los sentidos pasa a través del tálamo, una especie de centro procesador.

Desde el tálamo, las señales llegan a las zonas de los sentidos de la corteza cerebral ilustradas en la página 24, y a otras zonas del cerebro donde se procesa y analiza esa información.

Dentro del cerebro, miles de millones de células nerviosas se entrelazan en espesa red de comunicación. Aunque cada célula nerviosa funciona separadamente, puede comunicarse con muchas otras a través de sus sinapsis. Cada una de ellas se comunica con cientos, tal vez miles, de otras células.

El cerebro es muchísimo más complicado que cualquier máquina jamás inventada. Los científicos calculan que existen en él cien mil millones de células nerviosas.

Naciste con casi todas las células nerviosas que tendrás cuando crezcas. Aunque algunas mueren a medida que creces, no debes preocuparte por la posible falta de espacio para almacenar tus experiencias. Aunque vivieras cien años, no llegarías a usar todas las células de tu cerebro.

Como enredadera enmarañada, las fibras nerviosas de las neuronas se entremezclan en el cerebro. En esta pintura, la neurona azul, a la derecha, recibe impulsos desde los axones naranja y blancos de otras células cerebrales. La neurona recibe los impulsos de entrada en muchas partes de su superficie. Éstos afectan a la neurona en una de estas dos maneras: Algunos, los llamados impulsos excitatorios, permiten que la neurona desencadene un impulso eléctrico propio. Otros impulsos de entrada, llamados inhibitorios, dificultan que la neurona desencadene el impulso.

El Cerebro en Acción

Mientras lees estas líneas, tu sistema nervioso está lleno de actividad. Los receptores de tus ojos transforman sin cesar los patrones de luz en impulsos nerviosos. Éstos recorren rápidamente las vías nerviosas hasta la corteza cerebral, donde se traducen en letras, palabras e imágenes.

Incluso las actividades más sencillas hacen que una gran cantidad de neuronas se intercomuniquen. Las neuronas de tu cerebro se encienden y apagan constantemente cuando los impulsos nerviosos recorren tu mente.

Actividades como oír música o leer utilizan las células de distintas partes del cerebro. En los últimos años, los científicos han desarrollado una prueba que muestra cómo trabaja el cerebro. Se llama escáner PET y muestra el cerebro u otra parte del cuerpo funcionando.

Para un escáner PET cerebral, los médicos dan al paciente una solución especial de azúcar, el combustible del cerebro. El escáner PET detecta la velocidad con la que "queman" o consumen el azúcar las distintas partes del cerebro. Una computadora conectada al escáner muestra la actividad en colores diferentes en una pantalla.

Las imágenes de esta página muestran el cerebro de una persona en reposo, y de cuando ésta escucha a otra hablar. En la página opuesta, muestran el cerebro cuando la persona está escuchando música, y cuando la persona oye hablar y escucha música al mismo tiempo. Las zonas con mucha actividad se ven en rojo y amarillo, mientras que las zonas con poca actividad están en azul y verde.

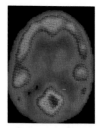

La imagen con colores codificados del escáner PET (izquierda) muestra el cerebro en acción. Russell, un niño de 10 años, se tapa los oídos (abajo). A la izquierda, una imagen de cómo se veía su cerebro en el escáner PET. La mancha roja en la parte posterior (aquí, parte inferior) indica que los ojos están abiertos y la corteza visual, en acción.

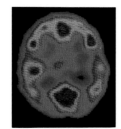

Unas cuantas palabras de su amiga Rhonda (izquierda) crean actividad en el cerebro. En el escáner PET su cerebro se vería así: A la izquierda se formaría una mancha roja. Para la mayoría de la gente, el lenguaje hablado se analiza en el lado izquierdo del cerebro. Los científicos creen que la mancha en la parte frontal, mostrada aquí arriba, indica que el lenguaje ha puesto en marcha la imaginación y la facultad de planificación del cerebro.

IMÁGENES DE COMPUTADORA: CORTESÍA DE LOS DOCTORES MICHAEL E. PHELPS Y JOHN C. MAZZIOTTA

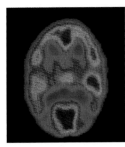

Russell escucha música en un radio portátil (derecha). Un escáner PET de su cerebro mostraría ahora que, junto con el centro de la imaginación y la planeación, está funcionando el centro de la audición en el lado derecho. La mayoría de la gente usa el lado derecho del cerebro cuando escucha música.

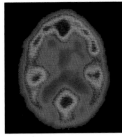

Mientras Russell escucha música, Rhonda le habla (abajo). Un escáner PET de su cerebro mostraría iluminados los lados, la frente y la parte posterior. Pruebas como ésta ayudan a saber más acerca de cómo el cerebro recibe e interpreta los mensajes de los receptores de los sentidos.

FOTOGRAFÍAS: JULIE HABEL

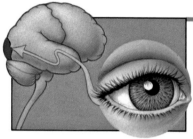

3

La Visión: Envío de Imágenes al Cerebro

Un globo rosa flota en el cielo azul intenso. Una flor amarilla reposa en un búcaro naranja. Un pollito blanco picotea la tierra detrás de un granero rojo.

Espectáculos como éstos son tan habituales que casi pasan desapercibidos. Pero cada uno de ellos forma parte de un milagro, el de la visión. Gracias a ella, puedes ver la luz de una estrella a miles de millones de km de distancia. Con una simple ojeada puedes ver un grano de arena o el edificio más alto del mundo.

La visión te dice el tamaño y forma de los objetos, qué tan cerca se hallan y lo rápido que se mueven. Con tus ojos, puedes ver las docenas de líneas negras que forman las letras de estas palabras.

Dependes de la visión más que de otro sentido para descubrir el mundo de cada día. Tus ojos trabajan cada minuto que estás despierto. Mientras lees, escribes, ves televisión, juegas, o simplemente caminas por la calle, tus ojos están en acción.

Ellos y los demás órganos de los sentidos trabajan gracias a miles de millones de células nerviosas, llamadas receptores sensitivos. En tu piel, boca, nariz y oídos, así como en tus ojos, reúnen sin parar información del mundo exterior. Sin embargo, no todos los receptores sensitivos reaccionan al mismo tipo de información. Los de tu piel y oídos reaccionan a estímulos tales como el contacto físico o las ondas sonoras. Los de tu boca y nariz reaccionan a las sustancias químicas de los alimentos y del aire.

Los receptores en tus ojos reaccionan a la luz. Igual que los demás sentidos, tus ojos cambian la información que recogen en impulsos eléctricos. Tu cerebro convierte luego los impulsos en las formas y los colores del mundo que te rodea.

Con casco y máscara protectora, este joven ciclista se ajusta los lentes antes de la carrera a campo través. El corredor deberá usar su sentido de la visión para encontrar el camino directo más seguro hasta la línea de meta. El polvo levantado por las bicicletas en la carrera podría lesionar sus ojos. Por eso los corredores siempre llevan lentes de protección.

CHUCK O'REAR/WEST LIGHT

Las luces de este vehículo de rescate iluminan la noche (página opuesta). Sus luces intermitentes advierten a conductores y peatones que despejen la vía mientras el vehículo atiende una emergencia. En tus ojos hay un constante fluir de imágenes. Algunas te proporcionan información. Otras te divierten. Otras, como éstas, te avisan del peligro. El fotógrafo tomó esta foto poco habitual manteniendo abierto el obturador de la cámara mientras el vehículo de rescate corría hacia él. El obturador abierto captó las luces como rayas en la película.

CHRIS JOHNS

Tus Ojos y Cómo Trabajan

Antes de que nacieras, tus ojos eran dos pequeñas yemas insertadas en la parte de delante de tu cerebro. Luego, se convirtieron en dos órganos que proporcionan al cerebro más información que cualquier otro sentido. Tus ojos son importantes para tu cerebro. Casi la décima parte de la corteza cerebral está dedicada a la visión, más de lo que corresponde a cualquier otro sentido.

Para que tus ojos trabajen, necesitan luz: recogen la luz reflejada por los objetos. Los receptores sensitivos a la luz dentro de cada ojo transforman la luz en impulsos nerviosos. Luego, la corteza cerebral convierte estos impulsos en visión.

Para entender lo que ves, tu cerebro continuamente está en busca de patrones. Ciertas células nerviosas de la corteza visual detectan la forma de un objeto (si tiene líneas curvas o en ángulo, por ejemplo). Otras células detectan los patrones de color. Entonces, tu cerebro trata de reconocer el objeto, comparando su forma y color con recuerdos de cosas que has visto antes.

Muchos han comparado el ojo con una cámara fotográfica. Como la cámara, el ojo tiene una lente, el cristalino. Cuando la luz pasa a través de ella, la lente la enfoca sobre una parte sensible del ojo llamada retina. Ésta trabaja de manera parecida a la película de la cámara. Cuando la luz choca contra la retina, ocurre una reacción química que registra el "cuadro" que ha captado el ojo.

El ojo humano trabaja más intensamente que cualquier cámara. Toma imágenes sin cesar debido a que cada imagen formada en la retina desaparece rápidamente. Cuando miras con fijeza un objeto, tus ojos no están inactivos; están en ligero pero constante movimiento.

Para entender cómo trabajan tus ojos, tienes que conocer cada una de sus partes. El dibujo de la derecha muestra las estructuras del órgano de la visión.

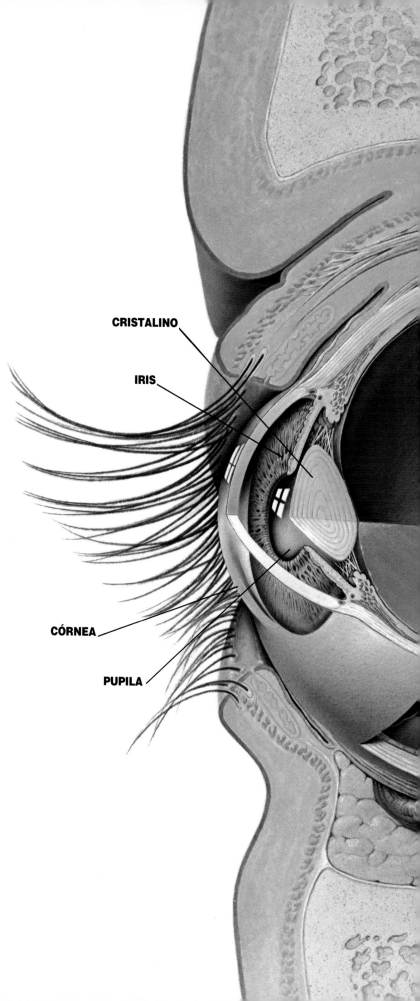

CRISTALINO

IRIS

CÓRNEA

PUPILA

El ojo consta de varias partes. Lo blanco del ojo es la esclerótica. El disco transparente que cubre el iris (la membrana que le da color) se llama córnea. El iris se agranda y se contrae para controlar la cantidad de luz que pasa por la pupila, la abertura en su centro. Detrás del iris se encuentra el cristalino. Esta estructura transparente y flexible permite el enfoque del ojo, produciendo una imagen nítida de lo que ve. Una sustancia gelatinosa, llamada cuerpo vítreo, llena el globo ocular. Revistiendo la parte más interna de la superficie del ojo, se encuentra la retina. Ésta contrae los receptores que transforman la luz en impulsos nerviosos. Una capa de tejido, llamada coroides, mantiene la retina proporcionándole nutrientes. El nervio óptico, atrás del ojo, lleva los impulsos nerviosos a la corteza visual.

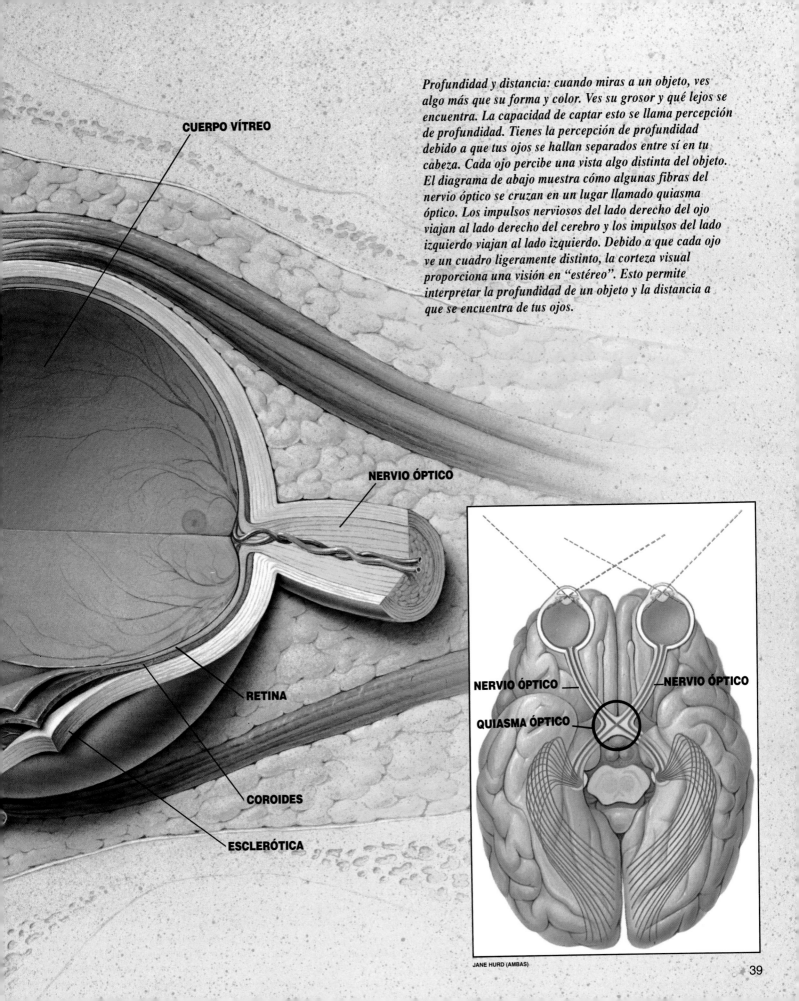

CUERPO VÍTREO

NERVIO ÓPTICO

RETINA

COROIDES

ESCLERÓTICA

Profundidad y distancia: cuando miras a un objeto, ves algo más que su forma y color. Ves su grosor y qué lejos se encuentra. La capacidad de captar esto se llama percepción de profundidad. Tienes la percepción de profundidad debido a que tus ojos se hallan separados entre sí en tu cabeza. Cada ojo percibe una vista algo distinta del objeto. El diagrama de abajo muestra cómo algunas fibras del nervio óptico se cruzan en un lugar llamado quiasma óptico. Los impulsos nerviosos del lado derecho del ojo viajan al lado derecho del cerebro y los impulsos del lado izquierdo viajan al lado izquierdo. Debido a que cada ojo ve un cuadro ligeramente distinto, la corteza visual proporciona una visión en "estéreo". Esto permite interpretar la profundidad de un objeto y la distancia a que se encuentra de tus ojos.

NERVIO ÓPTICO

NERVIO ÓPTICO

QUIASMA ÓPTICO

JANE HURD (AMBAS)

EL IRIS LE DA AL OJO SU COLOR Y REGULA LA ENTRADA DE LUZ MEDIANTE EL CAMBIO DEL TAMAÑO DE LA PUPILA.

MARVIN J. FRYER

El Iris y la Pupila

Cuando miras a los ojos de un amigo, lo primero que adviertes es la parte coloreada o el iris. Tu amigo puede tener ojos castaños, azules, grises o verdes. La gente hereda de sus padres el color de sus ojos. Si uno de los padres tiene ojos castaños, los hijos tienen por lo menos el 50% de probabilidad de nacer con ojos también castaños.

Una sustancia llamada melanina le da el color a tus ojos, pelo y piel. La melanina colorea el iris. Los ojos azules o grises contienen poca melanina; los castaños, mucha; y los demás colores (avellana o verdes, por ejemplo), cantidades intermedias.

Además de dar color al iris, la melanina los protege de la luz intensa. Las personas con escasa melanina o ninguna en sus cuerpos se llaman albinos. Sus ojos son azul pálido y muy sensibles a la luz.

En el centro del iris hay una abertura que se llama pupila. Para regular la luz que entra al ojo, los músculos del iris ajustan el tamaño de esta pequeña "ventana" redondeada. Con poca luz, la pupila se ensancha para que pase más luz al ojo. Con luz intensa, la pupila se contrae, impidiendo la entrada excesiva de luz. Cuando la pupila está dilatada al máximo es 16 veces mayor que cuando está contraída del todo.

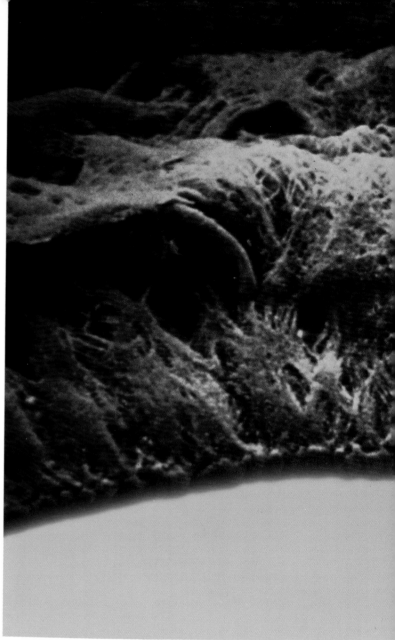

Dilatación y contracción de la pupila: los músculos del iris ajustan el tamaño de la pupila a la cantidad de luz. Con luz intensa, el iris contrae la pupila (abajo), entrando menos luz en el ojo. La córnea transparente cubre el exterior del ojo enfrente del iris.

Conforme la luz se vuelve más débil, el iris aumenta el tamaño de la pupila (abajo). Entonces entra más luz en el ojo. Su tamaño aumenta también cuando una persona tiene miedo o se concentra en algo. Además de controlar la luz, la pupila permite enfocar los objetos cercanos.

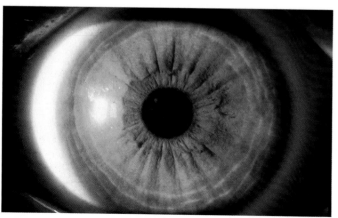

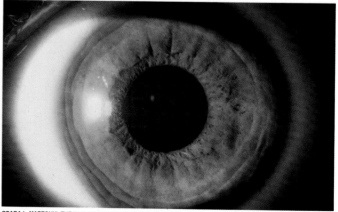

Como hebras de hilo alrededor de un ojal, los músculos del iris rodean la pupila (arriba). El pequeño anillo de músculo exactamente sobre el borde de la pupila se llama esfínter. Con luz fuerte, empuja hacia adentro al iris y la pupila se contrae. Oculto detrás del tejido coloreado del iris se encuentra el músculo dilatador. Éste ensancha la pupila con luz débil.

Los lentes oscuros protegen los ojos de Wendy Falconer, de 13 años, de Portland, Oregon. Wendy flota en la piscina en un día soleado. Los lentes de sol atenúan la luz que entra a sus ojos. Los párpados de Wendy protegen también sus ojos. Con luz intensa, las personas automáticamente entrecierran los ojos. Mirar a una luz muy brillante puede dañar tus ojos. Por eso nunca debes mirar al Sol directamente, ni siquiera durante un eclipse, cuando la Luna lo cubre parcialmente.

DAVID FALCONER

41

Cómo Usar Tus Ojos

Probablemente abriste tus ojos poco después de nacer. Pero tuvieron que pasar varias semanas antes de que pudieras ver las cosas con claridad. Al principio, el mundo era un montón de formas borrosas ya que tus músculos no se habían fortalecido lo suficiente para enfocar tus ojos.

Tu visión se desarrolló rápidamente, sin embargo. En dos meses, podías enfocar tus ojos para reconocer las formas y colores de los objetos. Al cabo de tres meses, empezaste a ver con percepción de profundidad. Es decir, podías usar tus ojos al unísono para distinguir el grosor y distancia de un objeto. He aquí qué ocurre al mirar un objeto distante, un árbol, por ejemplo: el ojo izquierdo y el derecho ven el árbol desde ángulos ligeramente diferentes. El cerebro procesa las imágenes de forma que puedes juzgar a qué distancia se encuentra.

La percepción de profundidad depende en parte de tu capacidad para mover los ojos y enfocar un objeto. Seis músculos controlan cada ojo, moviéndolos en distintas direcciones. Cuando miras a algo a lo lejos, tus ojos miran en línea recta hacia adelante. Cuando miras a cosas cercanas, tus ojos se vuelven ligeramente hacia adentro.

Identificar las cosas mediante la visión depende en gran parte de tu memoria. Cada vez que ves un objeto, el cerebro almacena su imagen. Cuando vuelves a verlo, tu cerebro lo identifica comparándolo con la imagen anterior.

El mundo es un misterio para este bebé. Él fija la vista en una flor, pero sólo es una mancha borrosa para un bebé de seis semanas; aún no ha desarrollado la fuerza muscular para enfocar sus ojos, lo que sucederá en dos meses.

Russel Cummer y su mascota se miran frente a frente. Russel, de 11 años, que vive cerca de Sherril, Iowa, crió al cerdito como su proyecto escolar. Aunque el ser humano posee una mejor visión que algunos animales, el "ver" depende en parte de comprender lo que vemos. Por ejemplo, un animal puede ver un objeto exactamente como lo ve un humano. Pero si la memoria de aquél no es tan buena como la del humano, el animal no puede comprender ni reaccionar a lo que ve.

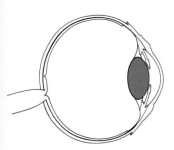

EL CRISTALINO CAMBIA DE FORMA PARA PERMITIR QUE LA CÓRNEA PROPORCIONE IMÁGENES ENFOCADAS.

Enfoque de los Rayos de Luz

Intenta este sencillo experimento. Estira tu brazo izquierdo delante de ti y levanta un dedo. Mantén uno de los dedos de tu mano derecha a unos 15 cm de tu nariz. Alinea los dos dedos. Ahora mira fijamente a un dedo, luego al otro. ¿Notas algo raro cuando miras de uno a otro? Cuando miras al que está más cerca, el otro se convierte en dos. ¡Pero en cuanto miras a las dos imágenes lejanas, se juntan!

Esto sucede porque tus ojos pueden enfocar con claridad los objetos sólo a una distancia cada vez. Los objetos que se encuentran a otra distancia se vuelven imágenes dobles o el cerebro no los registra. (Si el experimento no funciona, trata de mover el dedo izquierdo hacia un lado.)

Los rayos de luz que llegan de un objeto distante forman líneas casi paralelas. El ojo no tiene que trabajar mucho para enfocar esos rayos. En este caso, la córnea realiza casi todo el trabajo de enfoque. Debido a su forma curva, la córnea dobla los rayos de luz para que formen una pequeña imagen dentro del globo ocular. Sin embargo, los rayos de luz desde un objeto cercano tienden a separarse. El ojo tiene que trabajar más para enfocar esa luz. El cristalino cambia de forma y ayuda a la córnea a doblar los rayos.

Por ejemplo, cuando tus ojos enfocan un objeto distante, los músculos que rodean el cristalino lo estiran aplanándolo. Cuando miras a un objeto cercano, los músculos relajan el cristalino quedando más grueso y normal. Los rayos de luz que atraviesan la córnea se doblan aún más al pasar por el cristalino relajado.

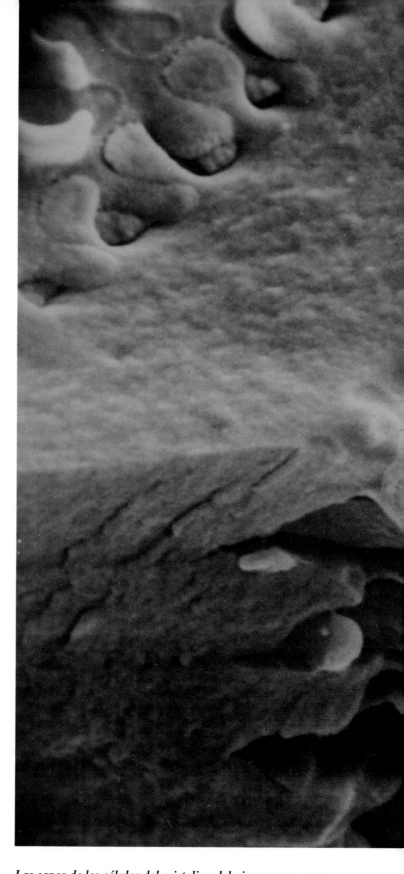

Las capas de las células del cristalino del ojo parecen como pilas de cartón (izquierda). El cristalino crece durante la vida y capas de células nuevas se forman sobre las viejas. Las más viejas se van endureciendo y el cristalino pierde algo de su elasticidad. En la foto las células del cristalino han sido aumentadas 810 veces.

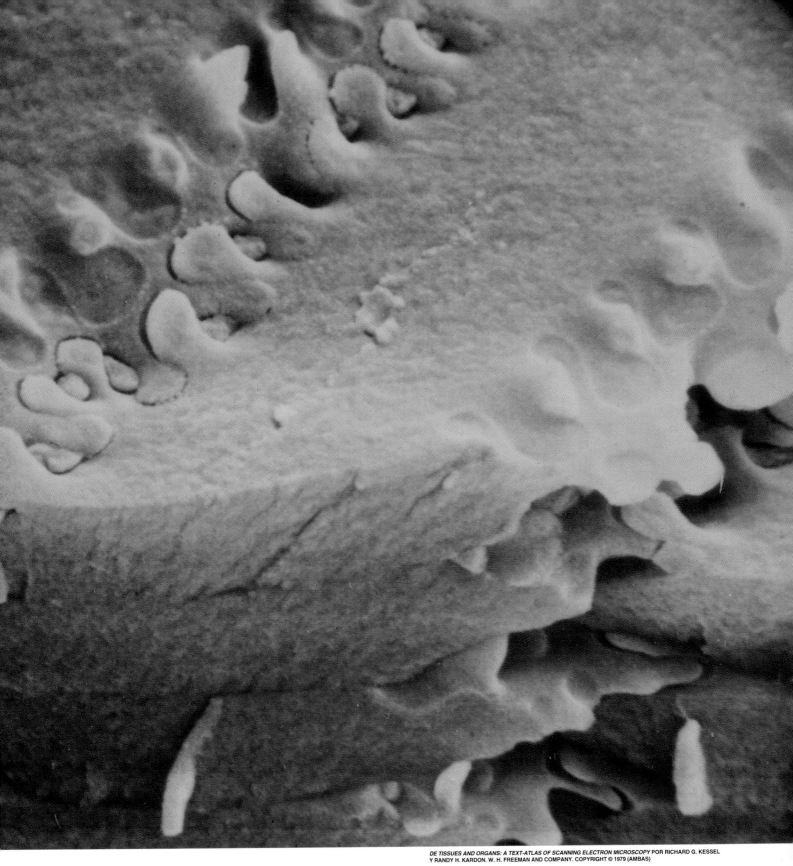

Juntas en forma de cremallera unen a las células del cristalino. El ojo enfoca reflejando los rayos de luz en un punto de la retina. Con el cambio de forma, el cristalino permite el enfoque del ojo: para los objetos cercanos, se engrosa y redondea; para los distantes, se adelgaza y aplana. Aquí, el cristalino ha sido aumentado 6,955 veces.

LA RETINA TRANSFORMA LOS RAYOS DE LUZ EN IMPULSOS NERVIOSOS.

Imágenes Sobre la Retina

La película está pasando dentro de tu cabeza. La córnea y el cristalino de tus ojos forman el proyector de la película. La retina actúa como la pantalla sobre la que los primeros proyectan sus imágenes.

Cuando miras un objeto, la córnea y el cristalino doblan los rayos de luz que llegan del mismo. Enfocan los rayos sobre la retina. Esta membrana interna contiene millones de células receptoras que transforman los rayos de luz en impulsos eléctricos. Las fibras nerviosas conectadas a las células receptoras llevan los impulsos al cerebro. Cuando estos impulsos llegan ahí, puedes "ver" la imagen sobre la retina. En realidad, la visión ocurre en el cerebro y no en el ojo.

Cuando la córnea y el cristalino proyectan una imagen sobre la retina, la imagen se invierte de arriba abajo y de izquierda a derecha. El dibujo grande de la derecha lo ilustra. El cerebro interpreta la imagen de modo que la vemos en la posición correcta.

Cuando miras un objeto, en realidad tu ojo forma una serie de imágenes. Tu memoria compara brevemente cada imagen con la que sigue. Comparando el flujo de las imágenes, detectas el movimiento.

Tu ojo puede engañarse al ver movimiento cuando no lo hay. Esto ocurre cuando ves una película de dibujos animados. Ésta es en realidad una serie de dibujos separados; sin embargo, aparecen en la pantalla tan rápidamente que tu ojo no distingue las imágenes separadas. Éstas pasan juntas, creando una ilusión de movimiento.

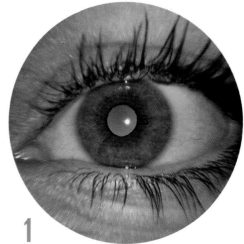

1

WILLIAM S. JOBE; DAVIS-EATON / ST. LUKE HOSPITAL (ARRIBA Y ABAJO)

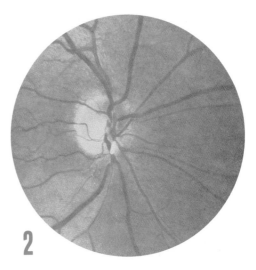

2

1 *La luz pasa al ojo y choca en la retina. En la foto puedes ver la luz de un* **flash** *reflejándose en la retina, la zona anaranjada.*

2 *Los vasos sanguíneos transportan oxígeno a todas las partes de la retina, donde las células sensibles a la luz transforman los rayos en impulsos eléctricos. El nervio óptico, la zona central amarilla, envía los impulsos al cerebro. Esa zona no contiene células sensibles a la luz y origina un punto ciego en tu visión.*

3 *En la retina se forma una imagen invertida. Si pudieras ver tal imagen en el ojo de alguien, se vería como ésta. La retina absorbe los rayos de luz de la imagen. Cuando los impulsos nerviosos llegan al cerebro, ves la imagen.*

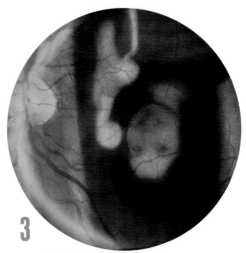

3

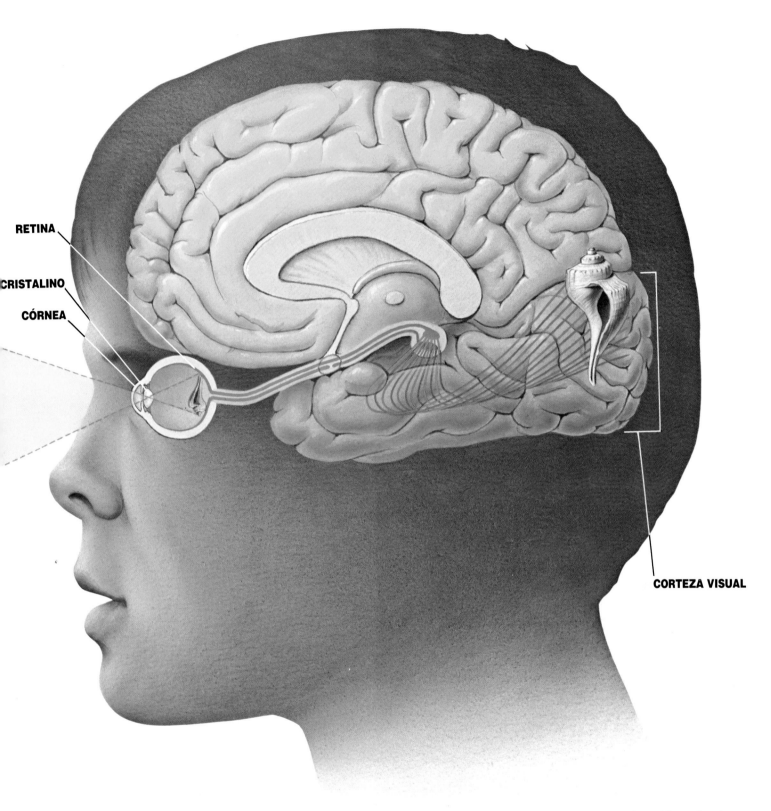

RETINA

CRISTALINO

CÓRNEA

CORTEZA VISUAL

¿Sabías que ves con la parte de atrás de la cabeza? El dibujo muestra cómo la corteza visual del cerebro recibe las imágenes captadas por el ojo. Los rayos de luz reflejados por la caracola atraviesan la córnea y el cristalino. Éstos enfocan la luz sobre la retina. Los rayos de luz viajan en línea recta; por eso, los rayos de la parte de arriba de la caracola chocan abajo de la retina y los rayos que llegan de la parte inferior de la concha chocan en la parte de arriba. Ahí forman una imagen invertida y volteada, y millones de células nerviosas captan la luz reflejada por la caracola. Las células transforman los rayos en impulsos nerviosos que viajan a lo largo del nervio hasta la corteza visual, atrás de la cabeza. Esta zona del cerebro inicia la interpretación de los impulsos. A medida que lo hace, restablece la imagen a su posición correcta.

JANE HURD

47

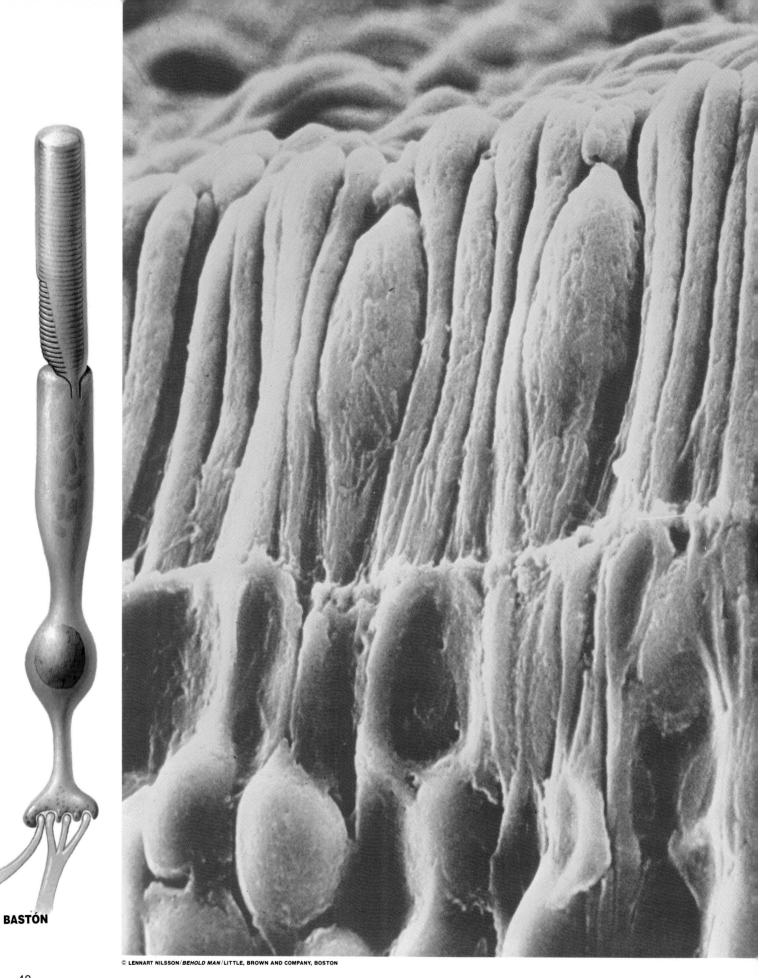

BASTÓN

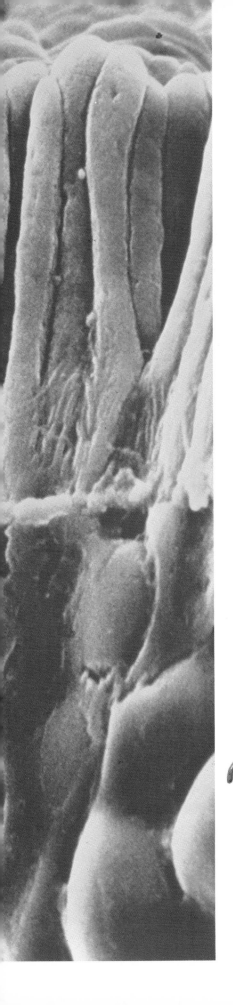

Los Impulsos Nerviosos en la Retina

Todavía no se conoce bien cómo el ojo transforma la luz en impulsos eléctricos. Sin embargo, se sabe que la visión depende de dos clases de células sensibles a la luz: los bastones y los conos. Se llaman así por la forma que tienen. Hay unos 125 millones de bastones y unos 6 millones de conos en la retina. Los bastones permiten la visión con luz tenue. Los conos permiten ver con luz intensa y distinguir los colores.

La mayoría de los conos se encuentran en el centro de la retina, concentrados en la mácula, zona donde la visión es más aguda. Cuando miras directamente a un objeto, tus ojos enfocan la imagen en la mácula. Su centro, la fóvea, es la zona que permite la mejor visión con luz intensa.

La mayoría de los bastones se encuentran alrededor de la retina. También ahí están diseminados algunos conos. Las células de esta zona te permiten ver lo que hay alrededor del objeto que enfocan tus ojos. La capacidad de ver alrededor del objeto se llama visión periférica. Por eso puedes concentrarte en un jugador de fútbol y ver también todo el campo de juego.

Los bastones y los conos contienen partículas de una sustancia coloreada llamada pigmento. Cuando la luz choca con los pigmentos, éstos cambian de forma y producen actividad eléctrica en las células receptoras. Las fibras nerviosas conectadas a los bastones y los conos forman el nervio óptico, la vía al cerebro.

Los bastones contienen sólo una clase de pigmento, la rodopsina. Ésta proporciona la información visual que el cerebro interpreta en distintas gradaciones de gris. Hay tres clases de conos: una es sensible a la luz azul, otra a la verde, y otra a la roja. Los impulsos de los conos se mezclan en el cerebro y puedes ver todos los colores del arco iris.

JANE HURD (DIBUJOS)

CONO

Los conos gruesos y los bastones delgados se aprietan juntos en la retina. Más de 130 millones de estas células sensibles a la luz revisten la retina. Los bastones producen la visión en gradaciones de gris. Los conos la producen en colores. Cuando la luz choca con los pigmentos de los bastones y los conos, éstos desencadenan impulsos eléctricos. A la izquierda vemos un cono y, en la página opuesta, un bastón. Una parte de ellos ha sido descubierta para mostrar las pilas de discos que contienen los pigmentos. Las fibras nerviosas, en amarillo, se extienden desde la base de los bastones y conos. Estas fibras se conectan con otras que transportan los impulsos hasta la corteza visual.

Los niños que abordan el autobús en la mañana temprano ven todo de color gris. Sólo el Sol y las luces del autobús proporcionan luz suficiente para producir color. Los demás colores palidecen en sombras de gris con la luz débil. Los conos de la retina sólo funcionan con luz fuerte. Los bastones permiten la visión con luz débil. Pero éstos sólo pueden detectar los objetos como patrones de luz y sombra.

Sin color, el ojo tarda un tiempo para acomodar un objeto en relación con su entorno. Debido a esto, la capacidad del ojo para juzgar distancias no es buena durante la noche y, por ello, también tiene más dificultad para enfocar en la oscuridad.

Aunque los conos de la retina proporcionan visión aguda durante el día, no funcionan bien con luz débil. Por eso se ven grises en la oscuridad los colores de las cosas. De noche, los bastones se encargan de la visión. Debido a que casi todos ellos se encuentran en los bordes de la retina, podemos ver mejor un objeto en la oscuridad si no lo miramos directamente. Los marineros saben esto desde hace mucho tiempo. Cuando en la noche vigilan las luces de los otros barcos, no miran al horizonte, sino un poco más arriba de la línea donde se juntan el mar y el cielo. De este modo, cuando ven una luz, ésta llega a los lados de la retina, donde los bastones pueden detectarla.

Con luz muy fuerte, sin embargo, el bastón pierde temporalmente su pigmento y no puede crear el impulso eléctrico. El bastón tiene que renovar el pigmento antes de que pueda enviar un nuevo estímulo. Los pigmentos de los bastones se reconstruyen en gran parte en la oscuridad, y ello puede tardar media hora o más. A esto se debe la dificultad de ver cuando entras al cine desde el lobby iluminado.

La zona cercana al centro de la retina, donde las fibras nerviosas forman el nervio óptico, no contienen ni bastones ni conos. Debido a que esta zona no puede reaccionar a la luz, se llama punto ciego o mancha ciega.

A veces, puedes percatarte del punto ciego en tus ojos. Éstos se mueven tan a menudo que el punto no se queda fijo en la misma zona. El punto ciego se encuentra en partes diferentes en cada retina; así lo que uno de los ojos no puede detectar, el otro sí puede hacerlo.

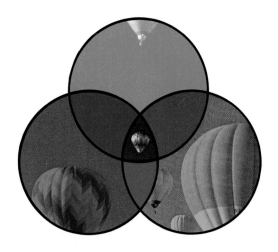

Globos de aire caliente llenan el cielo de color en Albuquerque, Nuevo México (página opuesta). La luz fuerte del Sol resalta sus colores variados. Los conos de la retina son primariamente sensibles a tres clases de luz: roja, verde y azul. Tu cerebro mezcla esos colores para crear los demás. En total, el ojo humano puede reconocer más de 200 colores. Los tres círculos de arriba muestran cómo el cerebro crea todos los colores a partir del rojo, el verde y el azul. El círculo de la izquierda muestra parte de la foto de la derecha tal y como la captan los conos sensibles al rojo; el de la derecha, como la captan los conos sensibles al verde. El círculo superior muestra cómo ven los conos sensibles al azul. En el centro, combinado, aparecen todos los colores de la foto.

4

Gusto y Olfato

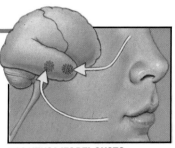

LOS MENSAJES DEL GUSTO (MAGENTA) Y EL OLFATO (PÚRPURA) VIAJAN POR VÍAS SEPARADAS A DISTINTAS ZONAS DEL CEREBRO. LOS MENSAJES DEL GUSTO SE DIRIGEN A LA CORTEZA GUSTATORIA; LOS MENSAJES DEL OLFATO LO HACEN A LA CORTEZA OLFATORIA. EL CEREBRO COMBINA ESOS MENSAJES PARA PERMITIRTE PROBAR LOS DISTINTOS SABORES DE LOS ALIMENTOS QUE COMES.

La visión es el sentido que proporciona la mayoría de información sobre lo que ocurre a tu alrededor. Pero los sentidos del gusto y del olfato te ayudan casi tanto como la visión. Juntos, el gusto y el olfato hacen de un proceso necesario, el comer, una actividad también agradable.

Al gusto y al olfato se les llama sentidos químicos, debido a que los receptores sensitivos en la boca y la nariz responden a sustancias químicas. Los receptores del gusto reaccionan a las sustancias químicas de la comida y la bebida. Los receptores del olfato reaccionan a las sustancias químicas del aire. Las sustancias hacen que esos receptores envíen impulsos nerviosos que el cerebro interpreta como gusto y olfato.

Cuando comes, tu cerebro combina las sensaciones del olfato con las del gusto. De hecho, si no puedes oler el alimento que estás comiendo, tiene poco sabor. Por ejemplo, si cierras tus ojos y mantienes la nariz apretada, no distinguirás la diferencia entre el sabor de una manzana y el de un nabo.

El gusto y el olfato te protegen de las sustancias perjudiciales. Muchos venenos saben ásperos o amargos. Tu sentido del gusto te previene de no comerlos. Y tu sentido del olfato te protege al detectar alimentos echados a perder o gases peligrosos.

El científico Peter B. Johnsen estudia a un pez llamado tilapia. La tilapia se cría habitualmente para alimento. El Doctor Johnsen trata de hallar cómo decide este pez qué plantas comer. Espera encontrar una manera de aumentar el apetito del pez usado para alimento. Esto podría provocar que el pez creciera más rápidamente y aumentara las reservas de alimentos del mundo. El Doctor Johnsen trabaja en el Monell Chemical Senses Center de Filadelfia, Pensilvania. Este tipo de estudios nos ayuda a aprender más acerca de por qué el ser humano prefiere ciertos sabores.

NICK KELSH

El poder del fruncimiento: Audrey hace muecas mientras prueba el agrio limón (izquierda). El ser humano puede distinguir cuatro sabores básicos. Los científicos los clasifican en general como dulces, agrios, salados y amargos. Se producen diferentes sabores cuando el cerebro combina esos cuatro sabores básicos con las sensaciones del olor. Las personas sin el sentido del olfato sólo pueden detectar los cuatro sabores básicos. A veces, los doctores descubren que los pacientes que se quejan de que nada les sabe bien en realidad tienen fallas en su sentido del olfato.

FOTÓGRAFO DE LA NATIONAL GEOGRAPHIC SOCIETY JOSEPH H. BAILEY

Cómo Trabaja la Lengua en el Gusto

Quizá no te hayas dado cuenta, pero la lengua es muy hábil. Entre otras cosas, ese músculo flexible en el interior de la boca te ayuda a articular las palabras cuando hablas. El otro trabajo importante que realiza es detectar los sabores de lo que comes o bebes. Tu lengua capta los sabores mediante unos diminutos órganos llamados papilas gustativas. Las papilas gustativas se parecen a diminutas naranjas sin semilla. Es en realidad un racimo de células receptoras del gusto. Las papilas gustativas recubren la lengua y otras partes de la boca, pero la mayoría de ellas se encuentran sobre la lengua. Hay varios miles de papilas gustativas en la lengua de una persona adulta.

Las papilas gustativas se arraciman juntas en estructuras que se levantan desde la superficie de la lengua. Estas estructuras se llaman papilas. Si miras tu lengua en un espejo, podrás ver algunas de ellas. Las papilas le dan a la lengua su apariencia rugosa.

Cada papila gustativa tiene un pequeño poro, o abertura, sobre su superficie externa. Las partículas disueltas de comida o bebida se introducen en la papila gustativa por esta abertura. Las partículas obligan a las células receptoras en el interior de la papila gustativa a enviar impulsos nerviosos al cerebro. Como existen distintas clases de alimento, las células receptoras envían diferentes mensajes. El cerebro interpreta los mensajes como diferentes sabores. Tu cerebro también recibe información sobre lo que comes o bebes desde otros receptores sensitivos dentro de tu boca. Esos receptores informan al cerebro si algo está caliente o frío. También proporcionan información de la textura de la comida, si es cremosa o dura, por ejemplo.

Otros órganos sensitivos proporcionan información adicional. Tus ojos te dicen si algo tiene buen aspecto para comerlo. Tus oídos recogen los sonidos mientras comes: el crujido del apio o el de una galleta. Tu cerebro analiza esas señales junto con las que le llegan de la lengua y del sentido del olfato. El cerebro junta todas las señales y te da una experiencia completa de las cosas que comes.

Gruesas o delgadas, las papilas se alzan desde la superficie de la lengua (derecha). Las estructuras redondeadas y gruesas se conocen como papilas fungiformes. Contienen de una a cinco papilas gustativas, los órganos del gusto. Las sustancias químicas contenidas en los alimentos y la bebida obligan a las papilas gustativas a enviar señales al cerebro. Éste identifica las señales como sabores diferentes. Otras clases de papilas pueden contener millares de papilas gustativas. La lengua de un adulto medio contiene varios millares de papilas gustativas. Gracias a las papilas gustativas, puedes decir si una sustancia es dulce, agria, salada o amarga.

Músculo de doble acción: la lengua te ayuda a hablar y a saborear lo que comes o bebes. La lengua está fijada a la parte de atrás del suelo de la boca. Ahí, una laminilla móvil, llamada epiglotis, impide que los alimentos se introduzcan en los pulmones durante la deglución. La lengua está cubierta por cuatro clases de finas estructuras llamadas papilas. Las papilas fungiformes y las filiformes recubren la mitad frontal de la lengua. Las foliadas y las caliciformes (en forma de cáliz) cubren la parte posterior de la lengua. Además de los receptores del gusto, la lengua contiene receptores que detectan la presión y la temperatura. Estos receptores envían información al cerebro sobre la textura y la temperatura de lo que comes y bebes. El cerebro combina esa información con las sensaciones de los botones gustativos.

MARVIN J. FRYER

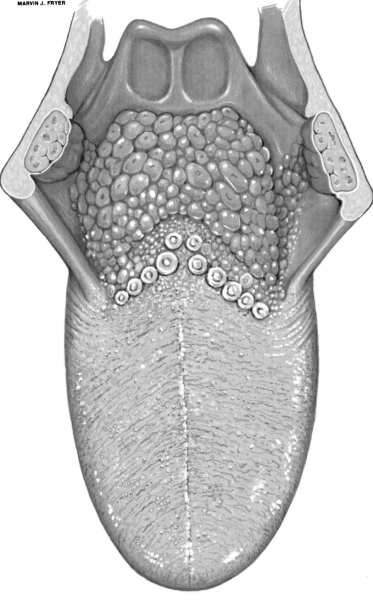

Las Sensaciones del Gusto

¿Cómo detecta la lengua los sabores dulce, agrio, salado y amargo? No se sabe. Pero algunos científicos creen que la capacidad de distinguir los sabores es importante para la supervivencia.

La capacidad de distinguir entre lo dulce y lo amargo, por ejemplo, pudo haber sido importante para nuestros antepasados. Cuando los seres humanos buscaban comida hace muchos años, probablemente confiaban en su sentido del gusto para poder señalar la diferencia entre alimentos buenos y sustancias perjudiciales. El ser humano aprendió rápidamente que la mayoría de los alimentos dulces pueden comerse sin peligro y que la mayoría de los que sabían amargos eran venenosos.

Los científicos han descubierto que, desde el nacimiento, el ser humano prefiere los sabores dulces. Por otro lado, a la gente no le gustan los sabores amargos. Sin embargo, tus papilas gustativas no pueden decirte siempre si una sustancia es buena o mala. En realidad, algunos venenos saben dulces, y no todos los sabores amargos son perjudiciales.

Muchos científicos creen ahora que cualquier papila gustativa es capaz de detectar todos los sabores básicos. Sin embargo, algunas papilas gustativas son más sensibles a un sabor que a los otros. Por ejemplo, las papilas gustativas de la parte posterior de la lengua son más sensibles a los sabores amargos.

Sucede que cada persona reacciona a un sabor de manera diferente. Los hábitos culturales ayudan a la gente a aprender que ciertos sabores les gusta o les desagrada. Las personas que dependen del mar para alimentarse, por ejemplo, consideran que el calamar o el pescado crudo son deliciosos. La gente de otras culturas comen sus alimentos con tantas especias que un solo bocado que tomes puede obligarte a correr en busca de un vaso de agua. Por eso, las personas no acostumbradas a tales comidas pueden considerarlas desagradables.

La papila gustativa en acción: las sustancias químicas del alimento o la bebida penetran en la papila gustativa a través de una pequeña abertura sobre la superficie de la lengua. Sólo los líquidos pueden pasar a través de la abertura. La saliva de tu boca ayuda a disolver los alimentos sólidos. Cada papila gustativa contiene hasta 50 células receptoras. Las sustancias químicas que entran a la papila gustativa obligan a que las células receptoras liberen transmisores químicos. Cuando los transmisores alcanzan el nervio gustativo, en la base de la papila gustativa, el nervio desencadena impulsos eléctricos que viajan al cerebro. En la corteza cerebral, son interpretados como sabores.

MARVIN J. FRYER / BASADO EN WILLIAMS, P. L., Y WARWICH, R. (1980), *GRAY'S ANATOMY*, 36A. EDICIÓN, EDINBURGO, CHURCHILL LIVINGSTONE

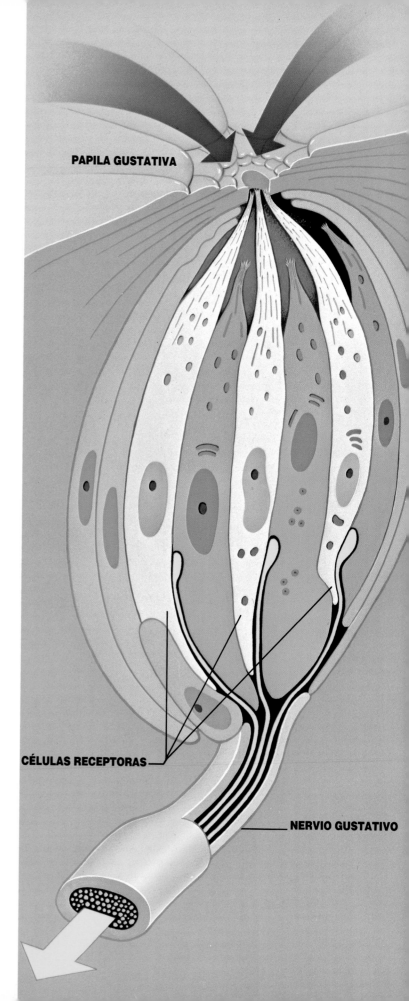

PAPILA GUSTATIVA

CÉLULAS RECEPTORAS

NERVIO GUSTATIVO

EPITELIO OLFATORIO

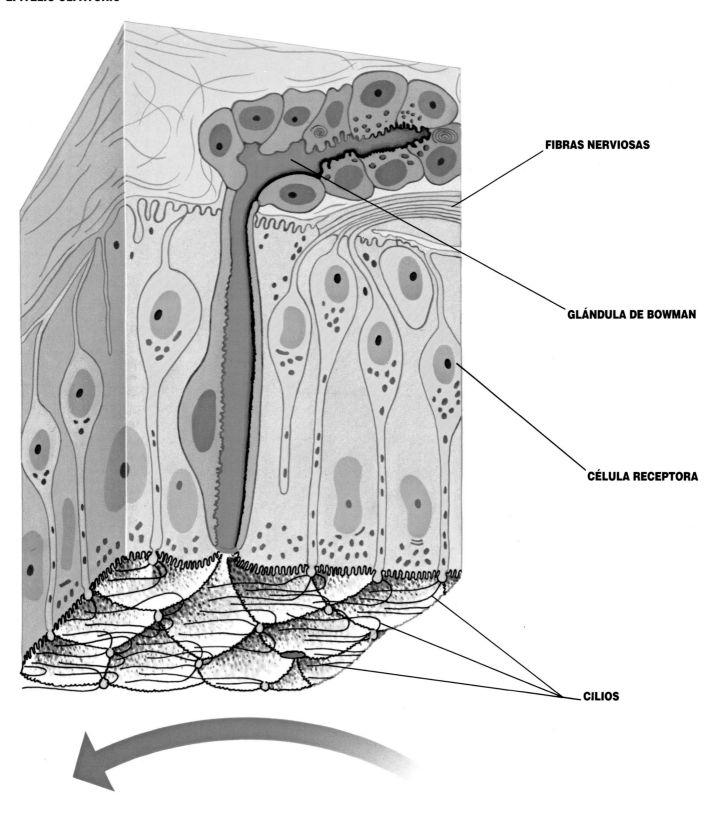

FIBRAS NERVIOSAS

GLÁNDULA DE BOWMAN

CÉLULA RECEPTORA

CILIOS

MARVIN J. FRYER/BASADO EN WILLIAMS, P. L., Y WARWICK, R. (1980), *GRAY'S ANATOMY*, 36A. EDICIÓN, EDINBURGO, CHURCHILL LIVINGSTONE

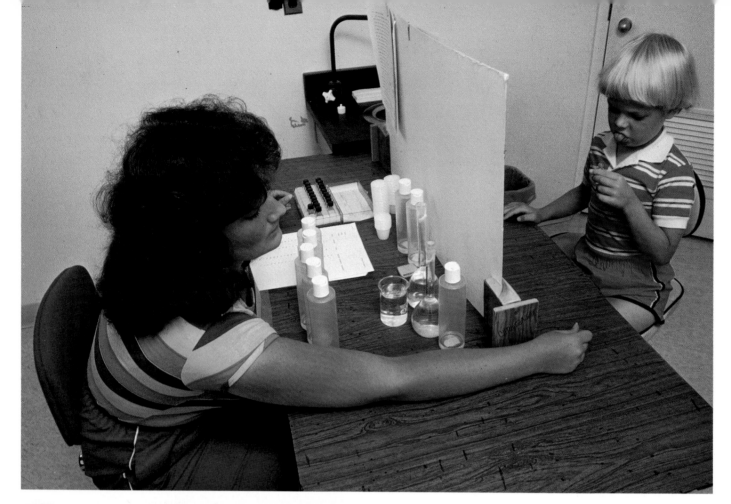

NICK KELSH

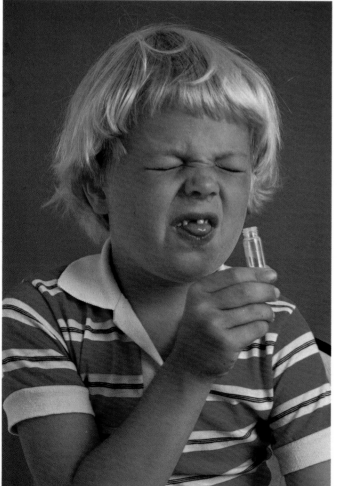

El olor desagradable obliga a Raymond a sacar la lengua (arriba). Raymond, de 5 años está realizando una prueba para ver si puede distinguir distintos olores. Elizabeth Konowal, investigadora del Monell Chemical Senses Center, podrá luego averiguar las cantidades más pequeñas de algunos olores que Raymond puede detectar. Tales pruebas han revelado que no existen diferencias entre los niños y los adultos en la capacidad de distinguir varios olores. Los científicos esperan encontrar un olor que, al identificarlo, proteja a los niños de los venenos. Con la práctica, el ser humano puede reconocer varios miles de olores. Los investigadores han descubierto que la gente reconoce casi siempre un olor pero es incapaz de identificarlo por su nombre. Aunque la nariz funciona muy bien, el cerebro simplemente es incapaz de clasificar el olor.

Raymond entrecierra los ojos al oler amoníaco. Las sustancias químicas de olor desagradable como el amoníaco estimulan las terminaciones del trigémino que se encuentran dentro de la nariz y reaccionan con mensajes dolorosos. El cerebro combina las señales del trigémino con las del olfato para poder identificar algunos olores. El fuerte olor del amoníaco hace que la nariz de Raymond gotee. Las glándulas del interior de su nariz han liberado líquido para deshacerse de la sustancia irritante.

¿Cómo distingue la nariz los distintos olores? Los científicos no están seguros, pero tienen algunas explicaciones. Saben que muchas sustancias despiden vapor compuesto de moléculas, grupos de partículas muy pequeñas. Las moléculas de cada sustancia tienen una configuración que las distingue de otras. Éstas pueden estimular las células nerviosas olfatorias al encajar en nichos de forma similar llamados sitios receptores. Éstos se encuentran en los cilios. Cada molécula encaja en un sitio receptor como la llave en la cerradura. Cuando una molécula llena el sitio receptor, las células nerviosas envían impulsos al bulbo olfatorio. Algunos científicos piensan que el cerebro identifica distintos olores interpretando qué sitios receptores se han llenado. Pero los científicos no comprenden todavía todos los detalles de cómo sucede esto. Señalan que moléculas con la misma forma no siempre huelen igual. Y algunas con formas diferentes sí lo hacen. Las ilustraciones muestran, en forma sencilla, cómo podría actuar la teoría de los receptores de moléculas.

Menta

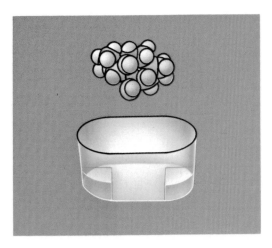

EL OLOR DE LA MENTA ES MENTOLADO. EL DIBUJO DE LA IZQUIERDA MUESTRA LA MOLÉCULA QUE PRODUCE EL OLOR MENTOLADO Y EL SITIO RECEPTOR EN EL QUE PUEDE ENCAJAR. AMBOS TIENEN EN GENERAL UNA FORMA OVAL

Limón

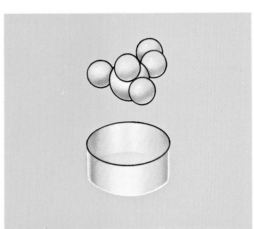

EL LIMÓN HUELE A AGRIO O ÁSPERO. EL DIBUJO DE LA IZQUIERDA MUESTRA LA MOLÉCULA DE OLOR A AGRIO Y EL SITIO RECEPTOR EN EL QUE PUEDE ENCAJAR. LA MOLÉCULA Y EL SITIO TIENEN EN GENERAL FORMAS ESFÉRICAS.

Floral

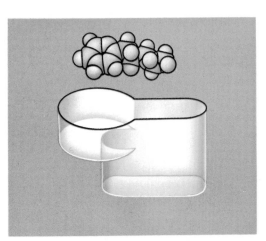

LA FRAGANCIA DE LA ROSA ES UN EJEMPLO DE OLOR FLORAL. EL DIBUJO DE LA IZQUIERDA MUESTRA LA MOLÉCULA DEL OLOR FLORAL, QUE TIENE FORMA IRREGULAR. EL SITIO RECEPTOR, DEBAJO DE ELLA TIENE TAMBIÉN FORMA IRREGULAR.

MARVIN J. FRYER / ADAPTADO DE: *ATLAS OF THE BODY AND MIND.* COPYRIGHT MITCHELL BEAZLEY PUBLISHERS, LTD. 1976. PUBLICADO EN ESTADOS UNIDOS POR RAND MCNALLY & COMPANY Y ADAPTADO TAMBIÉN DE: *THE STEREOCHEMICAL THEORY OF ODOR*, J. E. AMOORE, J. W. JOHNSTON, JR., Y M. RUBIN, SCIENTIFIC AMERICAN

5

Oído y Equilibrio

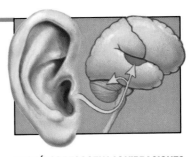

iensa cuándo estuviste en un desfile. ¿Recuerdas cuántos sonidos diferentes oíste? Pasaban las bandas de música y los sonidos salían de todos lados. Se oía el redoble del tambor, el fragor de las trompetas y el son agudo de las flautas.

Tus oídos te traen la misma cantidad de sonidos cuando estás en el campo. Oyes el suave rumor de las hojas. Las ramas crujen a tu paso. Oyes el sonido de los gorjeos de los pájaros y los zumbidos de los insectos.

Oyes porque tus oídos son capaces de detectar las ondas sonoras en el aire. Cuando las cosas se mueven, obligan a que el aire vibre, o se mueva hacia atrás o adelante. Cuando aplaudes, por ejemplo, creas vibraciones. Éstas viajan hacia afuera en ondas, igual a cómo se propagan las ondas en el agua. Tus oídos detectan esas ondas sonoras y las convierten en impulsos nerviosos. Los impulsos viajan por las fibras nerviosas hasta el cerebro y éste las interpreta como sonidos.

Tus oídos realizan también otro importante trabajo. Con ellos mantienes el equilibrio. Una parte del oído detecta los movimientos de la cabeza en cualquier dirección. Las señales desde esta parte del oído permiten que tu cerebro controle los músculos necesarios para que tu cuerpo se mantenga firme.

TUS OÍDOS RECOGEN LAS VIBRACIONES EN EL AIRE Y LAS CONVIERTEN EN IMPULSOS NERVIOSOS. LOS IMPULSOS NERVIOSOS VIAJAN HASTA LA CORTEZA AUDITIVA DEL CEREBRO (VERDE OSCURO). AHÍ SE INTERPRETAN COMO SONIDOS. OTROS IMPULSOS VIAJAN DESDE EL OÍDO HASTA EL TALLO ENCEFÁLICO Y EL CEREBELO (VERDE CLARO). ÉSTOS PROPORCIONAN LA INFORMACIÓN QUE TE PERMITE GUARDAR EL EQUILIBRIO.

1 *Empiezas a oír los sonidos cuando las vibraciones del aire chocan contra el tímpano, una membrana delgada y tensa de tejido. Un huesillo, que se llama martillo, está en contacto con el tímpano. La figura muestra el tímpano y el martillo en el interior de la cabeza.*

2 *Las ondas sonoras hacen que el tímpano vibre. El martillo se mueve hacia atrás y adelante cada vez que el tímpano se mueve. De esta manera, el martillo ayuda a pasar las vibraciones a otras partes del oído, donde se convierten en impulsos nerviosos. El movimiento del tímpano en la fotografía se ha exagerado. Las ondas sonoras causan vibraciones tan débiles en el tímpano que no podrías verlas.*

© LENNART NILSSON / *BEHOLD MAN* / LITTLE, BROWN AND COMPANY, BOSTON (AMBAS)

Los participantes en el desfile del Carnaval de Basilea, Suiza (izquierda), marchan al son de los flautines. Durante esta celebración de tres días, tanto niños como adultos se visten con colores vistosos, con máscaras en el rostro, y marchan por las calles. La música forma parte importante del carnaval que se celebra todos los años en febrero o marzo. Los residentes creen que los flautines y los tambores ahuyentan al invierno. La música demuestra la gran variedad de sonidos que el oído humano puede captar, desde los tonos agudos de los flautines hasta el redoble de los tambores.

JOSEPH F. VIESTI

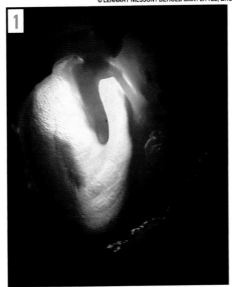

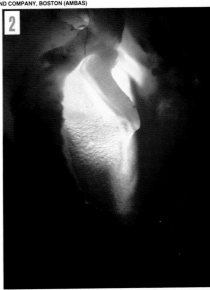

Tus Oídos y Cómo Funcionan

Tal vez hayas creído que tus oídos eran esas dos láminas que salen a cada lado de la cabeza. En realidad esos salientes son sólo una parte de tus oídos. El oído completo se extiende profundamente en el interior del cráneo. Consta de tres partes principales: oído externo, oído medio y oído interno. La función del oído externo es capturar las ondas sonoras y dirigirlas al oído medio. El oído medio amplifica las ondas sonoras, es decir, eleva su intensidad y las pasa al oído interno. Aquí las ondas se convierten en impulsos nerviosos. Luego el cerebro interpreta los impulsos como sonidos.

El oído externo comienza en el pabellón auricular a un lado de la cabeza, en lo que llamamos oreja. Su nombre científico es aurícula. La aurícula concentra las ondas sonoras en el conducto auditivo, un corto pasaje de unos 2.5 cm de largo, que lleva dentro del oído al tímpano.

Con el tímpano, una delgada membrana casi circular al final del conducto auditivo, termina el oído externo. Cuando las ondas sonoras chocan contra el tímpano, éste vibra.

En el interior del oído medio, se encuentran tres huesos conectados, el martillo, el yunque y el estribo. El martillo está conectado al interior del tímpano. Las ondas sonoras que obligan a vibrar al tímpano hacen que el martillo se mueva. Este movimiento obliga a que vibren los otros dos huesos. El estribo retransmite las vibraciones del martillo al oído interno a través de una abertura que se llama la ventana oval. Las vibraciones del estribo hacen que el fluido de una cámara llamada cóclea, vibre también. Las células ciliares del interior de la cóclea convierten las vibraciones del fluido en impulsos nerviosos que viajan al cerebro.

El oído interno contiene también los tres órganos del equilibrio, el utrículo, el sáculo y los conductos semicirculares.

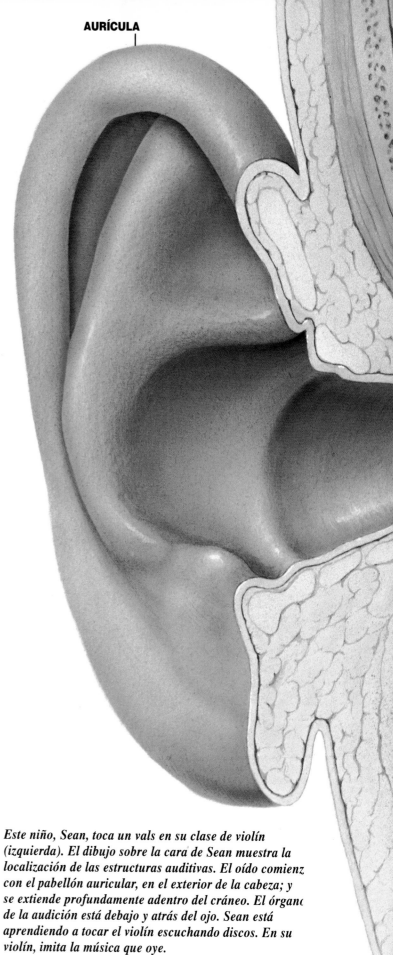

AURÍCULA

Este niño, Sean, toca un vals en su clase de violín (izquierda). El dibujo sobre la cara de Sean muestra la localización de las estructuras auditivas. El oído comienza con el pabellón auricular, en el exterior de la cabeza; y se extiende profundamente adentro del cráneo. El órgano de la audición está debajo y atrás del ojo. Sean está aprendiendo a tocar el violín escuchando discos. En su violín, imita la música que oye.

MIKE CLEMMER/MARVIN J. FRYER

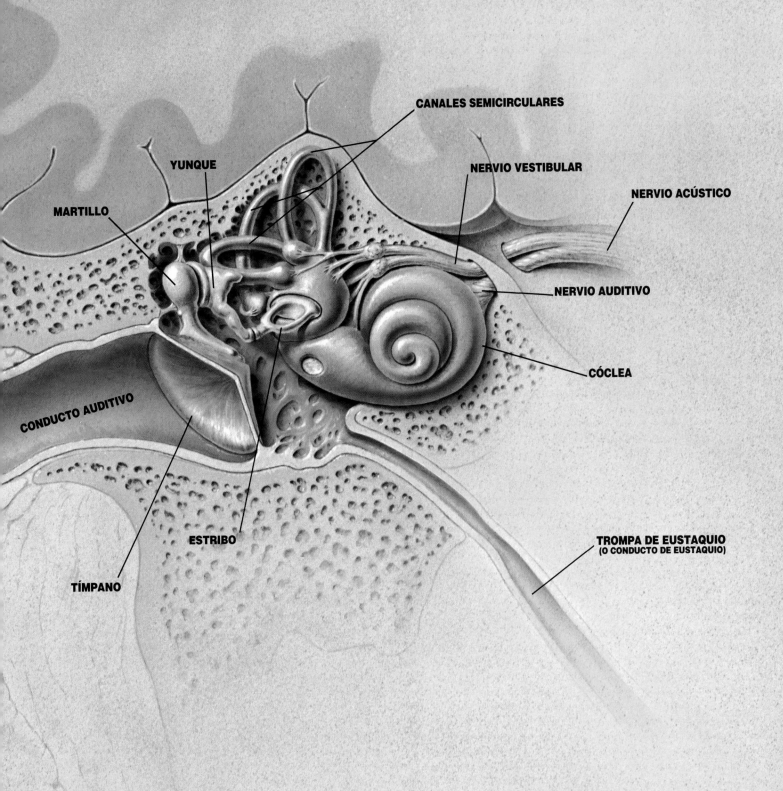

CANALES SEMICIRCULARES

YUNQUE

NERVIO VESTIBULAR

NERVIO ACÚSTICO

MARTILLO

NERVIO AUDITIVO

CÓCLEA

CONDUCTO AUDITIVO

ESTRIBO

TROMPA DE EUSTAQUIO
(O CONDUCTO DE EUSTAQUIO)

TÍMPANO

JANE HURD

Los sonidos llegan al cerebro a través del oído.
La aurícula recoge las ondas sonoras y las concentra en el conducto auditivo. Las ondas sonoras chocan contra el tímpano. Esto hace que el tímpano vibre. Tres huesillos detrás de tímpano, el martillo, el yunque y el estribo, retransmiten las vibraciones a la cóclea. En el interior de ésta, las células ciliares convierten las vibraciones en impulsos nerviosos. Los impulsos viajan al cerebro a través del nervio auditivo. La trompa de Eustaquio une el oído con la faringe. Esta trompa se abre automáticamente para mantener equilibrada la presión a ambos lados del tímpano. Si la presión no está equilibrada, el tímpano no puede vibrar libremente y no podrías oír tan bien como cuando lo haces normalmente. Los tres conductos semicirculares te ayudan a mantener el equilibrio. Detectan los movimientos de tu cabeza. Las células ciliares al final de cada conducto envían impulsos a través del nervio vestibular. Los nervios auditivo y vestibular se unen para formar el nervio acústico.

LA CÓCLEA, DONDE LAS VIBRACIONES SE CONVIERTEN EN IMPULSOS NERVIOSOS

MARVIN J. FRYER

Las vibraciones en el aire crean impulsos nerviosos dentro del oído (abajo). Las ondas sonoras (flechas moradas) chocan contra el tímpano y ponen en movimiento los tres huesillos del oído medio. Estos huesillos retransmiten las vibraciones del tímpano al oído interno a través de la ventana oval. La cóclea se encuentra inmediatamente al otro lado de la ventana oval y tiene forma en espiral, como un caracol. En el dibujo ha sido parcialmente desenrollada. La cóclea contiene tres conductos llenos de líquido. Uno de ellos, el coclear tiene una pared flexible que se llama membrana basilar. Esta membrana está tapizada con delgadas células ciliares. Éstas constituyen el órgano de Corti. Cuando las vibraciones sonoras pasan a través de la ventana oval, crean ondas en el líquido coclear. Las ondas obligan a que la membrana basilar se agite. Este movimiento hace que las células ciliares se plieguen, enviando impulsos nerviosos (flechas rojas). Miles de fibras nerviosas conectadas a las células ciliares (sólo se muestran siete en el dibujo) envían los impulsos. Luego, el nervio auditivo transporta las señales al cerebro. Cuando las ondas alcanzan la ventana redonda de la cóclea, desaparecen gradualmente.

JANE HURD

Durante años, a la gente le ha gustado jugar a las adivinanzas: si un árbol cae en el bosque y no hay nadie que lo oiga cuando cruje, ¿habrá de todas formas un sonido? Ahora sabemos que el árbol al caer producirá ondas sonoras. Pero si no hubiera allí un oído que captara esas ondas, éstas sólo serían vibraciones en el aire.

Las ondas sonoras resultan del movimiento de un objeto, sea un árbol que cae o una puerta que se cierra de golpe. Esos movimientos hacen que el aire u otras sustancias como el agua vibren. Sólo cuando el oído recoge esas vibraciones y las envía al cerebro como impulsos nerviosos, las puedes oír como sonidos.

Los científicos miden las ondas sonoras de dos maneras. Una consiste en medir cuántas veces las ondas se mueven hacia adelante y hacia atrás cada segundo. La mayoría de la gente puede oír las ondas sonoras que vibran unas 20 a 20,000 veces por segundo. Las ondas que vibran despacio producen sonidos bajos, como un susurro profundo. Las ondas que vibran rápidamente producen sonidos altos, como un silbido estridente.

Los científicos también miden las ondas sonoras de acuerdo a su intensidad. Los científicos emplean una unidad que se llama decibel para describir la intensidad de un sonido. El nivel normal de la conversación es de unos 60 decibeles. Se ha demostrado con experimentos que la

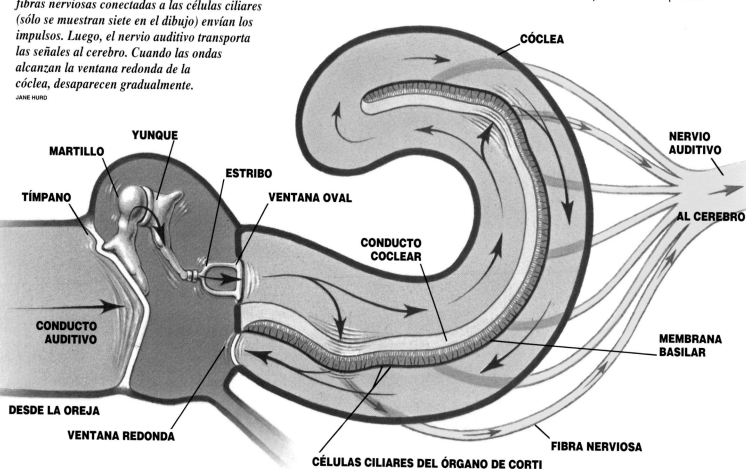

CÓCLEA

NERVIO AUDITIVO

YUNQUE

MARTILLO

ESTRIBO

TÍMPANO

VENTANA OVAL

AL CEREBRO

CONDUCTO COCLEAR

CONDUCTO AUDITIVO

MEMBRANA BASILAR

DESDE LA OREJA

VENTANA REDONDA

FIBRA NERVIOSA

CÉLULAS CILIARES DEL ÓRGANO DE CORTI

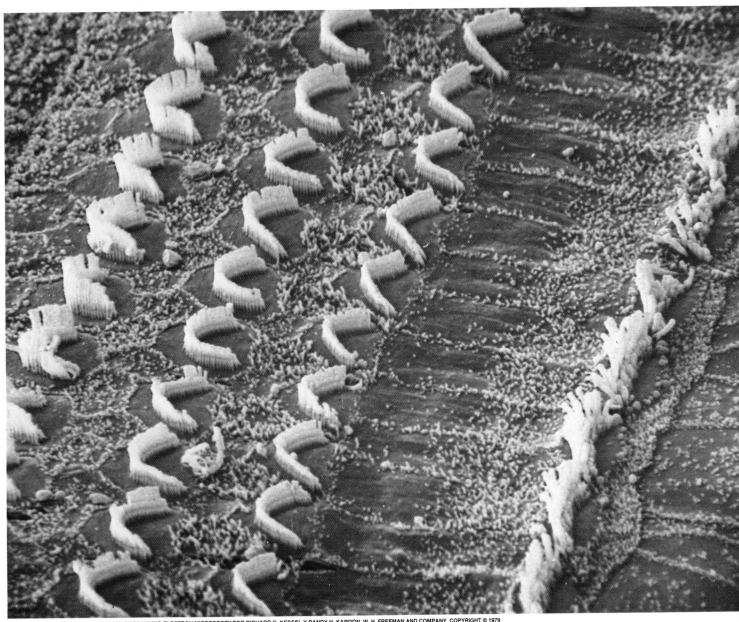

exposición constante a ruidos por encima de los 80 deci-beles puede provocar la pérdida de la audición. Cuanto más fuerte es el sonido menos tiempo es el que toma para que se presente una lesión. La música de algunos conciertos de rock, por ejemplo, se ha medido en 120 decibeles. Quien se encuentre cerca de los altavoces podría sufrir de inmediato pérdida permanente de la audición.

Las vibraciones del aire no son los únicos sonidos que oyes. También oyes sonidos a través del cráneo. Cuando aprietas los dientes o te golpeas ligeramente la cabeza, las ondas sonoras vibran a través de los huesos de tu cráneo. Esto explica por qué tu voz puede sonar extraña cuando la oyes grabada en un cassette. Cuando hablas, oyes tu voz tanto a través del aire como del esqueleto. Cuando oyes tu voz grabada en el cassette, sólo oyes el sonido que llega por el aire.

Las células ciliares dentro del oído se parecen a las rodadas que dejan sobre la arena las llantas de los tractores. La cóclea contiene unas 15,000 células receptoras auditivas distribuidas en cuatro filas. En tres de ellas, los cilios forman patrones en V. En la cuarta, que se muestra a la derecha de la fotografía, los cilios se encuentran en línea recta. Las células ciliares surgen de la membrana basilar. Las ondas sonoras hacen que esta membrana se mueva hacia arriba y hacia abajo. El movimiento pliega los cilios, lo que origina los impulsos nerviosos. Aproximadamente 30,000 neuronas y fibras nerviosas recogen los impulsos y los envían al cerebro. Los sonidos muy fuertes pueden en realidad destruir parte de los cilios. Como no se regeneran, eso da como consecuencia la pérdida permanente de la audición. Las células ciliares de la fotografía se han aumentado 4,000 veces.

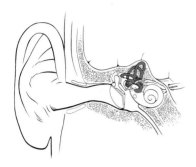

LOS DELICADOS ÓRGANOS DENTRO DEL OÍDO INTERNO TE PERMITEN MANTENER EL EQUILIBRIO.

Estudiantes de ballet practican pasos de danza en la Washington School of the Ballet. El ballet requiere un gran sentido del equilibrio. Los bailarines tienen que conocer la posición exacta de cada parte de su cuerpo. Los órganos del equilibrio dentro de los oídos de estas jóvenes bailarinas registran cada movimiento. Cuando el cerebro recibe las señales de esos órganos, ordena a los músculos adecuados a que entren en acción.

Los Órganos del Equilibrio

Sentarte. Levantarte. Darte la vuelta. Esto lo haces muchas veces al día. Un sistema delicado en tu oído, el sistema vestibular, te permite realizar estas cosas. Este sistema contiene tres estructuras mediante las cuales mantienes el equilibrio. Las estructuras hacen eso detectando los movimientos y la posición de tu cabeza. Una de las estructuras tiene tres asas llenas de líquido y se llaman conductos semicirculares. Si caminas, te levantas o simplemente giras la cabeza, los conductos sienten el movimiento.

Otras dos estructuras dentro del oído registran los cambios en la posición de tu cabeza. Son el utrículo y el sáculo. Al igual que los conductos semicirculares, estas estructuras están llenas de líquido. También contienen diminutos cristales encajados en una membrana gelatinosa. Los cristales reaccionan a la atracción de la gravedad o a cualquier movimiento de la cabeza.

Los conductos semicirculares envían información a tu cerebro cuando mueves la cabeza en cualquier dirección. El utrículo y el sáculo detectan los movimientos en línea recta y siguen siempre la posición de tu cabeza.

Si los órganos del equilibrio se lesionan o son destruidos por alguna enfermedad, la persona afectada puede sufrir algunas sensaciones desagradables. Probablemente has experimentado trastornos temporales del equilibrio. Por ejemplo, has podido sufrir vértigo después de girar rápidamente sobre ti mismo. Eso ocurre porque los giros hacen que el líquido de los conductos semicirculares se mueva. El líquido continúa moviéndose durante unos cuantos segundos aunque te hayas detenido. Tu cerebro interpreta eso como que todavía estás girando. Pero los demás sentidos le dicen a tu cerebro que ahora estás parado. Como consecuencia, tu cerebro se confunde y tú sientes vértigo.

Tu cerebro retransmite los mensajes de otros órganos, además de los de tus oídos, para mantener el equilibrio. Tus ojos y los receptores sensitivos en tus músculos y articulaciones envían constantemente información al cerebro sobre la posición de tu cuerpo. El cerebro estudia todos esos mensajes y envía entonces órdenes que regulan los movimientos musculares necesarios para que mantengas el equilibrio mientras giras.

SISSE BRIMBERG/WOODFIN CAMP, INC.

74

Este órgano, en forma de lazo dentro del oído, te permite mantener firme tu cuerpo. Las tres asas llenas de líquido de los conductos semicirculares contienen células ciliares receptoras, parecidas a las que viste en la página 73. El movimiento de la cabeza origina que el fluido de los conductos repliegue los cilios de esas células. Entonces las células envían impulsos que informan al cerebro de la dirección en que gira la cabeza. Uno de los conductos es más sensible al movimiento hacia arriba y hacia abajo (cabeceo al decir "sí"). Otro reacciona principalmente al movimiento lateral (meneo de la cabeza al decir "no"). El tercer conducto reacciona principalmente cuando la cabeza se mueve de un lado a otro de los hombros.

© LENNART NILSSON/*BEHOLD MAN*/LITTLE, BROWN AND COMPANY, BOSTON

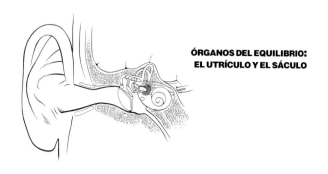

**ÓRGANOS DEL EQUILIBRIO:
EL UTRÍCULO Y EL SÁCULO**

Con toda seguridad has visto fotografías de los astronautas flotando en una cápsula espacial en órbita. Los astronautas flotan porque no hay gravedad en el espacio y sus cuerpos no pesan. Por eso no existen ni el "arriba" ni el "abajo" en el espacio. Sobre la Tierra, sin embargo, arriba y abajo significan muchas cosas. Las partes del oído que detectan el arriba y el abajo, el utrículo y el sáculo, proporcionan a tu cerebro esa información reaccionando a la fuerza de la gravedad.

La gravedad actúa sobre los otolitos, o diminutos cristales, dentro del utrículo y el sáculo. Los móviles otolitos crean impulsos nerviosos que viajan al cerebro a lo largo del nervio vestibular. Los otolitos informan al cerebro acerca de la posición de tu cabeza en relación con el suelo. Con esos impulsos, tu cerebro puede ayudarte a, por ejemplo, caminar a través de una habitación oscura sin caerte.

Otolitos como éste se encuentran en la parte superior de las células ciliares del utrículo y el sáculo. Estos diminutos cristales reaccionan a la atracción de la gravedad y a cualquier movimiento de la cabeza. Los otolitos son demasiado pequeños para verlos a simple vista. La imagen se obtuvo con microscopio.

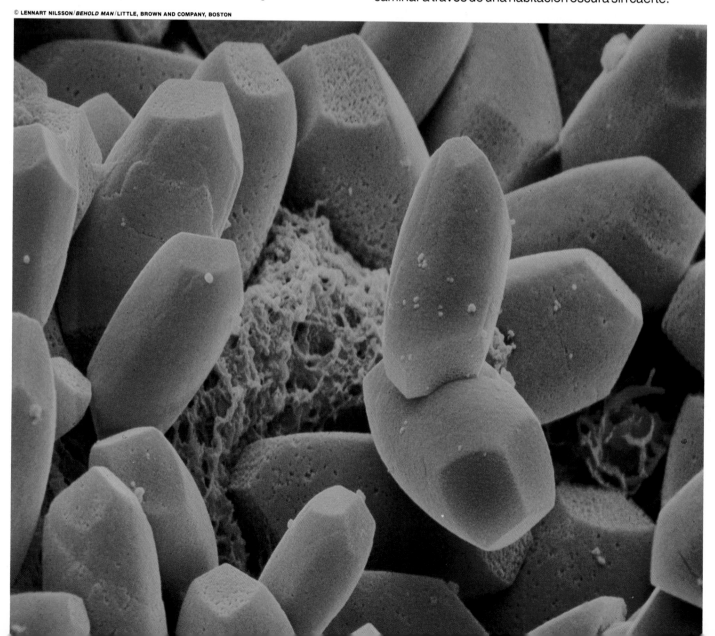

Los acróbatas del circo hacen estremecer a la multitud con su acto de balancín (abajo). Procedentes de Polonia, hombres y mujeres de la Oblocki Troupe son miembros del Ringling Brothers and Barnum & Bailey Circus. Acróbatas como éstos desarrollan su sentido del equilibrio con años de práctica. Los equilibristas experimentados pueden, incluso, dar una voltereta mientras caminan sobre la cuerda floja.

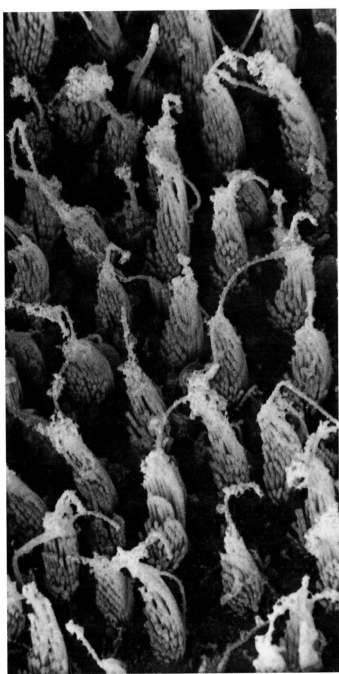

Como hileras de cactus, las células ciliares (aumentadas 5,300 veces) del oído (arriba) se mantienen erguidas para recibir señales de los otolitos. En la foto se ha suprimido la capa de otolitos. Cada célula contiene cilios de diferentes longitudes, con un cilio más largo que los demás.
Este cilio largo permite regular los impulsos nerviosos enviados por la célula. Cuando los otolitos doblan los cilios en dirección del cilio más largo, la célula envía hacia afuera más impulsos. Cuando los otolitos doblan los cilios hacia la parte contraria del más largo, las células envían hacia fuera menos impulsos. Esto le dice al cerebro que la cabeza se mueve en una dirección determinada.

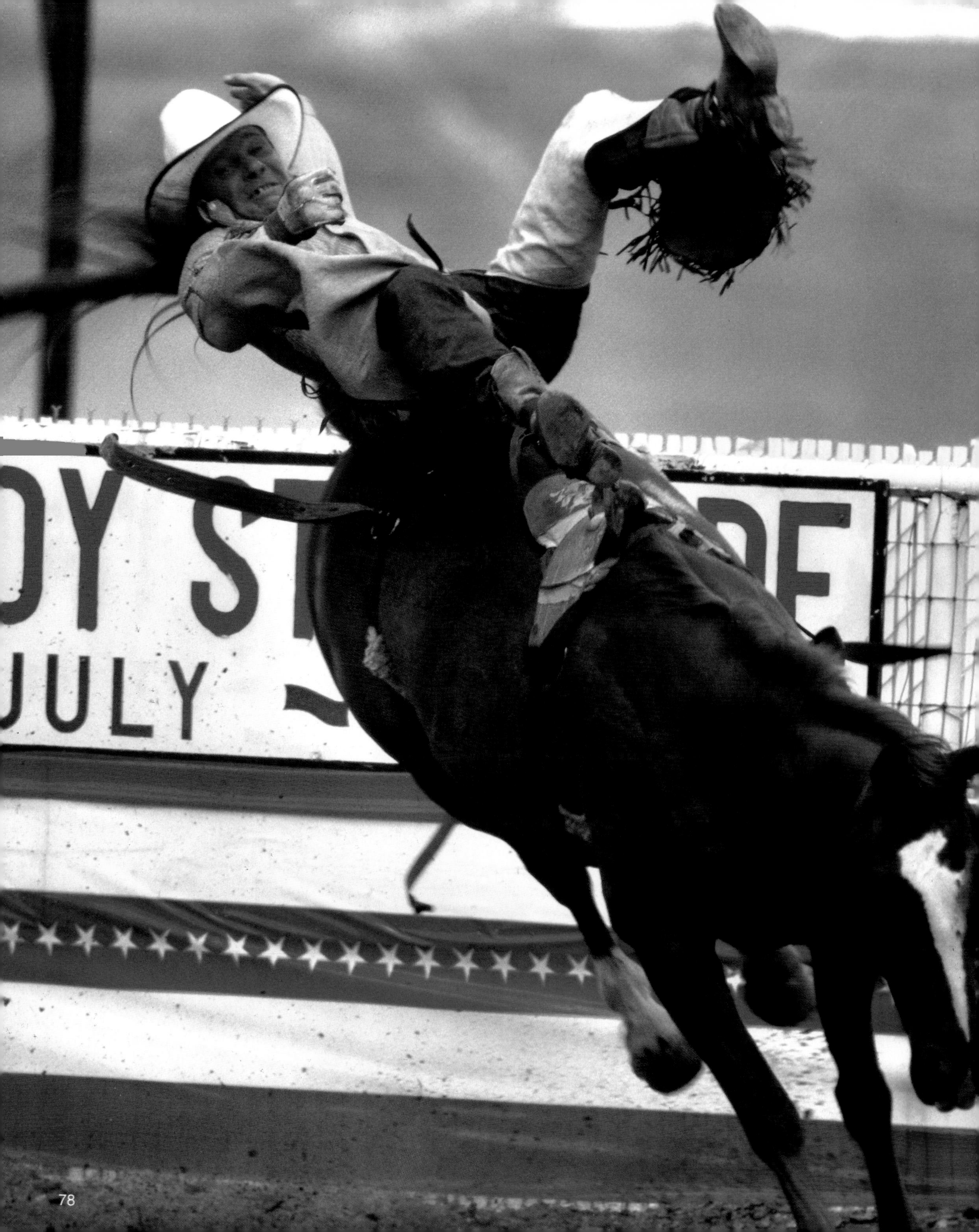

OY S
JULY

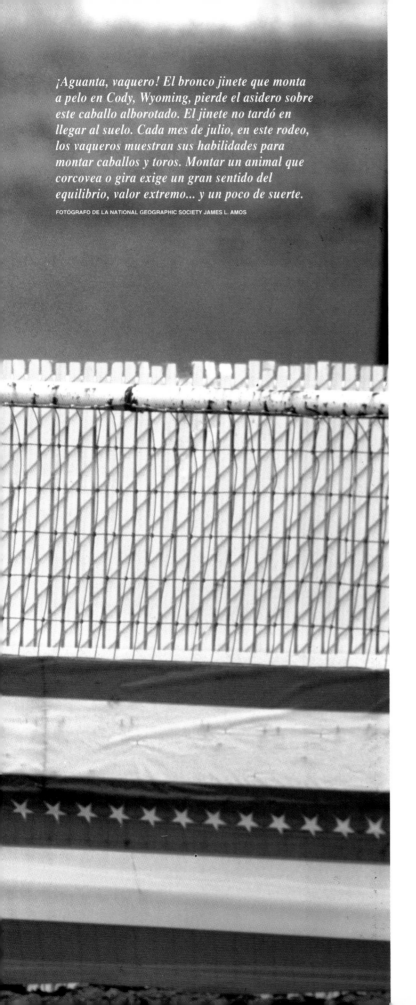

¡Aguanta, vaquero! El bronco jinete que monta a pelo en Cody, Wyoming, pierde el asidero sobre este caballo alborotado. El jinete no tardó en llegar al suelo. Cada mes de julio, en este rodeo, los vaqueros muestran sus habilidades para montar caballos y toros. Montar un animal que corcovea o gira exige un gran sentido del equilibrio, valor extremo... y un poco de suerte.

FOTÓGRAFO DE LA NATIONAL GEOGRAPHIC SOCIETY JAMES L. AMOS

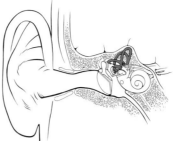

ÓRGANOS DEL EQUILIBRIO: LOS CONDUCTOS SEMICIRCULARES

Las diminutas células ciliares en el interior de los conductos semicirculares mantienen informado a tu cerebro de la dirección de tu cabeza. Se encuentran en la ampolla, la zona dilatada al final de cada conducto. El líquido que llena los conductos hace que los cilios de las células se muevan hacia arriba y abajo cuando te mueves, enviando impulsos nerviosos al cerebro.

Las tres asas de esos conductos se levantan en ángulos rectos, como el suelo y dos paredes en la esquina de una habitación. Por ello, las asas pueden detectar cualquier movimiento. Los conductos actúan en pares. Una de las asas en un oído actúa simultáneamente con otra de las asas del otro oído.

Por ejemplo, cuando inclinas la cabeza, uno de los conductos de cada oído detecta el movimiento. Ambos conductos envían señales al cerebro. Si mueves la cabeza hacia la derecha, tu oído derecho envía muchos impulsos nerviosos al cerebro, mientras que el izquierdo envía menos. El cerebro compara la cantidad de señales de cada oído para decirte hacia dónde te mueves.

DE *TISSUES AND ORGANS: A TEXT-ATLAS OF SCANNING ELECTRON MICROSOCOPY* POR RICHARD G. KESSEL Y RANDY H. KARDON. W. H. FREEMAN AND COMPANY. COPYRIGHT © 1979

La maraña de células ciliares (arriba) detectan la dirección y la velocidad de tus movimientos. El giro de tu cabeza origina que el líquido en el interior de los conductos semicirculares se mueva a un lado y a otro. Esto hace que los cilios de las células se inclinen, hacia arriba y abajo, como las algas que ondulan en las corrientes marinas. Las células ciliares indican al cerebro en qué dirección te estás moviendo y a qué velocidad.

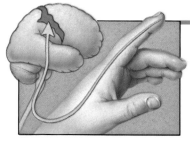

6

Tacto: Mensajes de Sensaciones

LOS RECEPTORES SENSITIVOS
SOBRE LA PIEL O DEBAJO DE ELLA
DETECTAN EL TACTO, O LA PRESIÓN,
LA TEMPERATURA Y LA LESIÓN. LOS
MENSAJES DESDE ESOS
RECEPTORES VIAJAN HASTA LA
CORTEZA SOMATOSENSITIVA. EL
CEREBRO LOS CONVIERTE LUEGO EN
SENSACIONES TALES COMO TACTO O
PRESIÓN, CALOR, FRÍO Y DOLOR.

A la gente le gusta el contacto cercano con los demás. Por esto, cuando las personas se encuentran, se saludan con un apretón de manos. Por esto, también, te sientes bien cuando alguien te da un golpe en la espalda después de haber hecho un buen trabajo. Y por esto le demuestras a un amigo tu aprecio dándole un abrazo.

Las personas también NECESITAN sentir que las tocan. Los médicos dicen que los bebés crecen más sanos si sus papás los cargan en brazos regularmente. Para un recién nacido, el tacto es el sentido más importante. Desde que nace, el bebé empieza a usar el sentido del tacto para explorar el mundo.

A lo largo de tu vida, el tacto te proporciona un flujo casi infinito de información sobre todo lo que te rodea. Por ejemplo, los receptores sensitivos de tu piel envían información al cerebro, el cual te dice entonces si algo es duro o suave, caliente o frío, agradable o doloroso.

Otros receptores te informan de lo que sucede en el interior de tu cuerpo. Los receptores musculares y los de las articulaciones le comunican a tu cerebro la posición y el movimiento de tus brazos y piernas. Algunos de los órganos internos detectan los cambios de presión. Envían mensajes de dolor (dolor de cabeza o de estómago, por ejemplo) cuando hay algún problema.

A lo largo de tu cuerpo, están distribuidos miles de diminutos receptores sensitivos. Unos detectan la presión y el tacto. Otros reaccionan con los cambios de temperatura. El propósito de algunos todavía se desconoce. Una fibra nerviosa conecta cada receptor con la médula espinal o el tallo encefálico. Desde aquí, otras células nerviosas transmiten los mensajes hasta el cerebro. Cada vez que tocas algo, los receptores envían mensajes que informan al cerebro que percibes cierta sensación. Luego el cerebro descifra qué es en realidad tal sensación.

El receptor de presión y tacto, conocido como corpúsculo de Pacini, se parece a una cebolla y detecta los cambios rápidos de presión como vibración. Está constituido por capas de tejido y líquido que rodean una fibra nerviosa. Aquí se muestra en sección transversal. Cuando algo choca o comprime las paredes flexibles del corpúsculo, las fibras nerviosas desencadenan señales eléctricas. Otras clases de receptores reaccionan a la temperatura o a la lesión. Los receptores del tacto y de la presión, la temperatura y la lesión, se hallan por todo tu cuerpo. La mayoría se encuentra sobre la piel o debajo de ella. Esos diminutos receptores informan al cerebro de todo lo que toca tu cuerpo.

J. F. GENNARO; L. R. GRILLONE/PHOTO RESEARCHERS, INC.

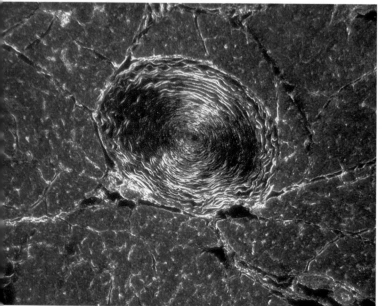

Esta pesca afortunada se debió al sentido del tacto. Los receptores en las manos de Billy le hicieron sentir las vibraciones de su caña de pescar cuando el pez mordió el anzuelo. El pez es pequeño y el abuelo del joven pescador lo soltará. Con los receptores que detectan la presión y el tacto y la temperatura sentimos el mundo que nos rodea. Por ejemplo, los receptores de temperatura le indican a Billy y a su abuelo que el agua está fría y que el Sol calienta.

JAMES H. KARALES/PETER ARNOLD, INC.

Señales Desde Tu Piel

Los órganos de la visión, el olfato, el gusto, la audición y el equilibrio se encuentran en la cabeza. Pero los receptores del tacto y la presión cubren cada centímetro de tu cuerpo. Cualquier parte de tu piel puede detectar el tacto y la presión, temperatura o lesión. Por ejemplo, la piel de las yemas de tus dedos contiene más receptores sensitivos que los que contiene una zona de igual tamaño de tu brazo. Debido a eso, las yemas de tus dedos son más sensitivas al tacto que tu brazo. Otras zonas contienen incluso menos receptores sensitivos.

Los médicos pueden medir el grado de sensibilidad de una zona específica de la piel. Los médicos tocan el área con un instrumento que se parece a un compás. El instrumento tiene dos puntas que se pueden separar. Al principio, las puntas se ponen juntas. Poco a poco los doctores las van separando hasta que la persona que se ha sometido a la prueba percibe dos sensaciones táctiles en vez de una. La piel de las yemas de los dedos puede detectar las dos puntas cuando éstas se separan unos 2 mm. Esta distancia es igual al grosor de 23 hojas juntas de este libro. En algunas zonas de la espalda, las puntas pueden separarse 8 cm sin que la persona pueda sentirlas como dos sensaciones distintas.

Debido a que los receptores recubren todo el cuerpo, muchos de ellos tienen que enviar sus mensajes a largas distancias. La vía desde tus ojos hasta tu cerebro es de sólo unos centímetros. Pero la vía nerviosa entre tu cerebro y los receptores en los dedos de tus pies puede ser de más de un metro.

Piensa en lo que ocurre cuando los dedos de los pies hacen una "llamada de larga distancia" a tu cerebro. Es decir, un insecto camina por el dedo gordo de tu pie. Y ocurre esto: los receptores en el dedo crean impulsos nerviosos. Los impulsos viajan a lo largo de las fibras nerviosas del pie y la pierna. Finalmente, los impulsos alcanzan las células nerviosas de la médula espinal y el tallo encefálico. Otras células transmiten a continuación la información a otras zonas del cerebro. Debido a que la mayoría de las señales nerviosas atraviesan la médula espinal y el tallo encefálico, el mensaje desde el dedo gordo de tu pie izquierdo llega al hemisferio derecho de tu cerebro. El mensaje viaja hasta una zona cerebral que es la corteza somatosensitiva.

Cuando la señal del tacto y la presión llega, tu cerebro la analiza. Luego emite una orden que le indica a tu cuerpo qué hacer: en este caso, quitar el insecto de tu dedo. Automáticamente sabes de qué dedo quitarlo. Esto se debe a que los receptores de cada parte de tu cuerpo envían sus señales a una zona específica de la corteza somatosensitiva.

Los mensajes de tacto-presión llegan primero al tallo encefálico y luego al tálamo, una estación de relevo más compleja. El tálamo, a su vez, envía la información a una estrecha franja del cerebro, la corteza somatosensitiva (derecha). El dibujo ilustra la corteza somatosensitiva de la mitad izquierda del cerebro, a donde llegan las señales provenientes de la mitad derecha del cuerpo. Los receptores de todas las partes del cuerpo envían señales a una zona específica de la corteza. En el dibujo se muestra la parte de la corteza que corresponde a cada parte del cuerpo. En las zonas sensitivas como las manos, los receptores sensoriales se hallan concentrados en gran número en superficies pequeñas. Una fracción grande de la corteza somatosensitiva recibe los mensajes que llegan de las manos. Otras zonas sensitivas, la cara y los pies, también ocupan una fracción grande de la corteza, donde se reciben sus mensajes. Otras zonas de la piel con menor cantidad de receptores necesitan porciones más pequeñas de la corteza para recibir las señales. La figura de formas desproporcionadas que vemos abajo muestra cómo se vería una persona si las partes de su cuerpo estuvieran en proporción a la cantidad de corteza somatosensitiva que está dedicada a ellas. Aquí vemos que –para la corteza somatosensitiva– las manos, la cara y los pies constituyen las partes más importantes del cuerpo.

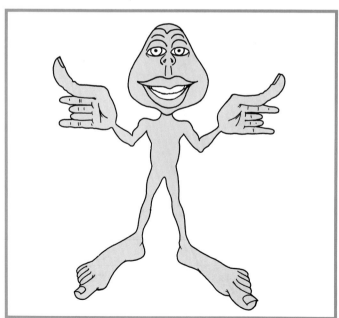

MARVIN J. FRYER (ARRIBA Y PÁGINA OPUESTA)

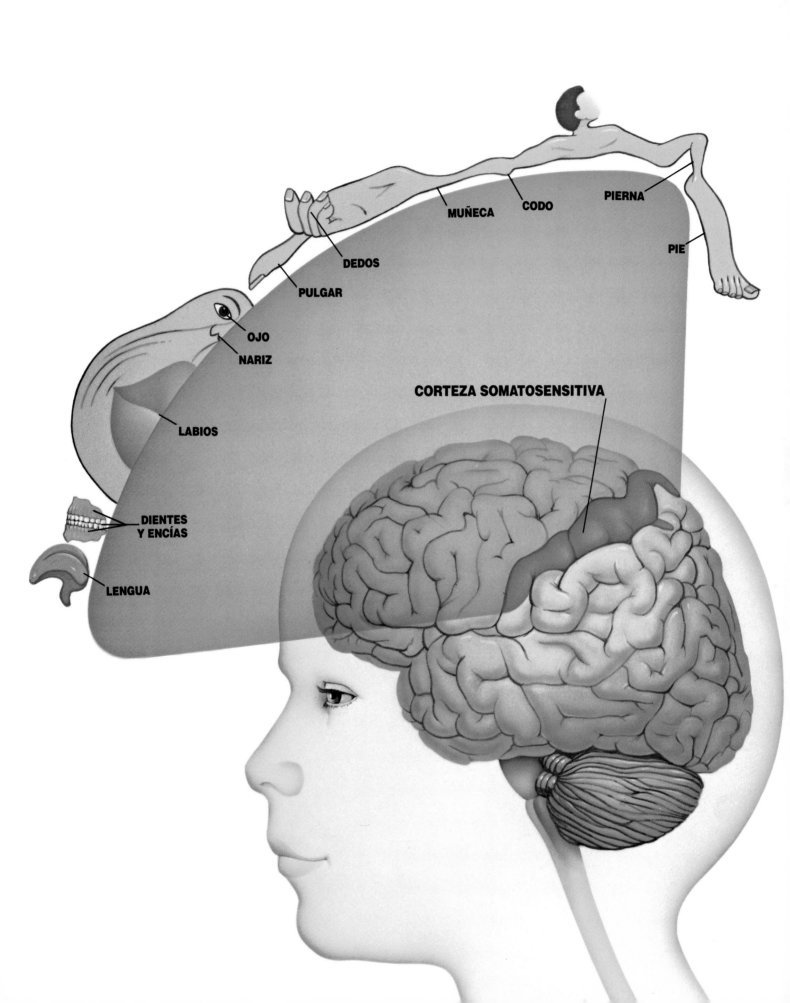

MUÑECA

CODO

PIERNA

PIE

DEDOS

PULGAR

OJO

NARIZ

LABIOS

CORTEZA SOMATOSENSITIVA

DIENTES
Y ENCÍAS

LENGUA

Las yemas de los dedos detectan el calor y la suavidad, como las de Sandra, que acaricia a Trueno, el caballito de la familia (izquierda). Sandra puede percibir la temperatura y la textura de la nariz de Trueno gracias a los receptores sensitivos de la piel de la niña. El caballito parece agradecer las caricias de Sandra. "Es nuestro amigo y le gusta que lo acaricien", dice Sandra.

Los Mensajes Infinitos del Tacto

Los miles de receptores que se encuentran en la piel envían información a tu cerebro en forma de impulsos eléctricos y químicos. Los nervios sensitivos son los axones de las células nerviosas cuyos cuerpos celulares se encuentran exactamente en el exterior de la médula espinal y el tallo encefálico. Los receptores del tacto forman las terminaciones de algunos de esos nervios. Esas terminaciones reaccionan cada vez que algo toca tu piel.

Algunas terminaciones nerviosas están rodeadas por estructuras en forma de cápsula, los órganos periféricos. Los científicos creen que éstos transmiten información a las terminaciones nerviosas. Por ejemplo, un receptor sensitivo, el corpúsculo de Pacini, reacciona a la vibración. Capas de tejido y líquido forman una cápsula alrededor de la terminación nerviosa de este receptor. La presión de los objetos que tocas empuja las paredes flexibles de la cápsula. La terminación nerviosa en el interior de la cápsula detecta esto y crea impulsos eléctricos. Las estructuras que rodean otras clases de terminaciones nerviosas transmiten la información de otras maneras.

Los órganos periféricos no rodean a todas las terminaciones nerviosas. Los nervios sensitivos sin órganos periféricos especializados se conocen como terminaciones nerviosas libres. Éstas son ramificaciones de las fibras nerviosas. Se piensa que los diferentes tipos de

La sección de la yema de un dedo muestra la estructura de la piel (derecha). La capa exterior protectora se llama epidermis. La dermis contiene las glándulas sudoríparas que permiten refrescar la piel y los vasos sanguíneos que le proporcionan el alimento. El tejido subcutáneo, una capa de grasa, permite aislar la piel. Las tres capas contienen receptores sensitivos que se llaman terminaciones nerviosas. Éstas están conectadas a las células nerviosas con los cuerpos celulares en el exterior de la médula espinal y el tallo encefálico. Muchos de los receptores sensitivos se conocen con el nombre del científico que los descubrió. Los corpúsculos de Pacini, de Meissner y de Merkel y los órganos de Ruffini detectan el tacto y la presión. Se cree que existen distintas terminaciones nerviosas libres para la detección del frío, el calor y la lesión. No se sabe todavía para qué sirven los corpúsculos bulbosos de Krause. Los impulsos que se originan en todos esos receptores viajan hasta la médula espinal y el tallo encefálico a lo largo de los nervios sensitivos, que se parecen al que se muestra en el dibujo.

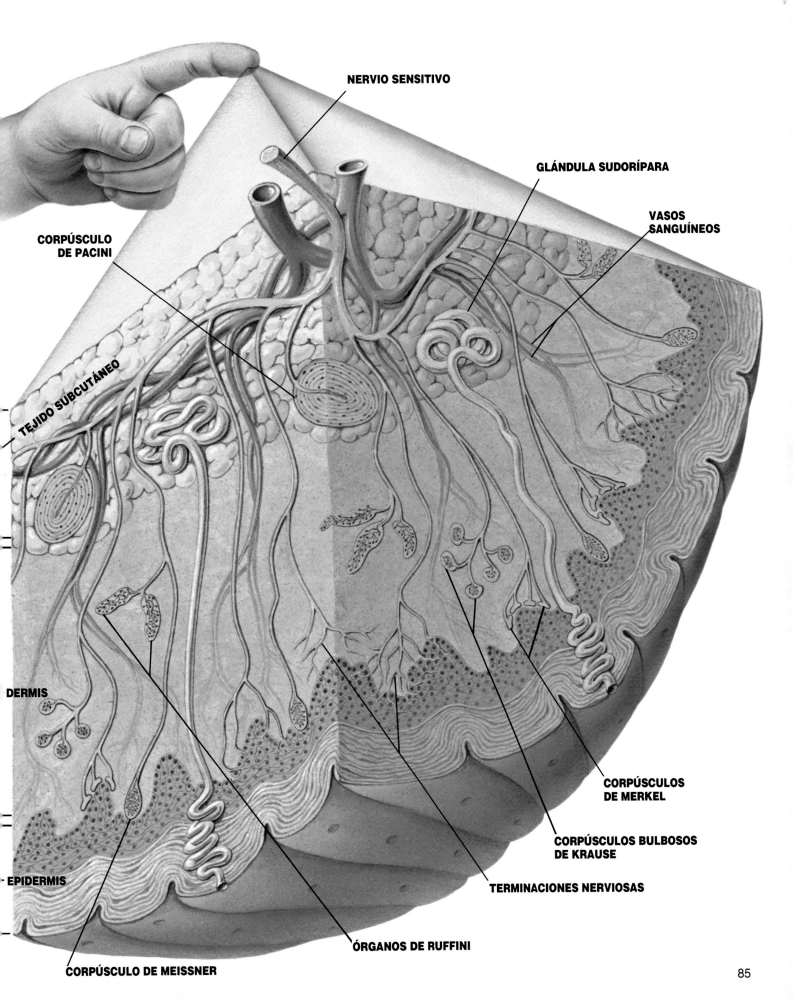

NERVIO SENSITIVO

GLÁNDULA SUDORÍPARA

VASOS SANGUÍNEOS

CORPÚSCULO DE PACINI

TEJIDO SUBCUTÁNEO

DERMIS

EPIDERMIS

CORPÚSCULOS DE MERKEL

CORPÚSCULOS BULBOSOS DE KRAUSE

TERMINACIONES NERVIOSAS

ÓRGANOS DE RUFFINI

CORPÚSCULO DE MEISSNER

85

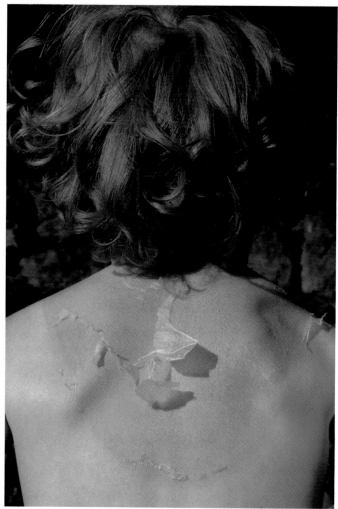

D.H.THOMPSON/OXFORD SCIENTIFIC FILMS

terminaciones nerviosas libres son las responsables de las sensaciones de lesión, calor y frío.

Los receptores sensitivos se habitúan a la sensación de un objeto con el paso del tiempo. Esto se llama adaptación. Algunos receptores del tacto y la presión se adaptan rápidamente. Otros lo hacen con lentitud. Por ejemplo, si tomas una tortuga en tu mano, sentirás su presión contra tu piel. Cuando levantas por primera vez la tortuga, todos los receptores del tacto y de la presión responderán al unísono. Sin embargo, algunos de ellos dejarán de responder cuando la tortuga se quede quieta. Esos receptores del tacto y la presión, los corpúsculos de Pacini, por ejemplo, se adaptan rápidamente a la presión sostenida. Pero si la tortuga se mueve de pronto, responderán inmediatamente.

Otros detectores del tacto y la presión, como los corpúsculos de Merkel, se adaptan lentamente a la presión sostenida. Estos receptores continúan enviando impulsos que informan a tu cerebro de que algo presiona sobre tu mano, aunque la tortuga no se mueva.

Una sensación a la que normalmente no te habitúas es el dolor. Las señales de lesión son importantes porque le dicen a tu cerebro que algo peligroso le está sucediendo a tu cuerpo y te permite tomar las medidas correctas para protegerte.

El dolor se clasifica en dos amplias categorías: superficial y profundo. El dolor superficial es lo que sientes cuando te pinchas con una aguja. Consiste en general en una sensación breve de punzada seguida de otra sensación más larga de ardor. El dolor profundo es el dolor general y difuso que sientes cuando te tuerces el tobillo.

Una quemadura severa de sol significa dolor para esta niña (arriba). Su piel enrojecida y despellejada ha sido dañada por una exposición excesiva a los rayos solares ultravioleta. El dolor dura bastante tiempo porque los receptores de lesión en la piel continúan enviando impulsos hasta que la piel sane. La piel no tiene receptores que avisen de una exposición excesiva al sol antes de que la piel resulte dañada.

Los receptores en la piel envían un mensaje de dolor cuando el cuerpo se lesiona. Los científicos creen que esos receptores, llamados terminaciones nerviosas libres, responden cuando algo que puede ser peligroso para el cuerpo toca la piel. Los mensajes desde los receptores (flechas rojas) viajan hasta el cerebro a lo largo de las fibras nerviosas. Un material graso, que se llama mielina, recubre la fibra e incrementa la velocidad de los impulsos nerviosos.

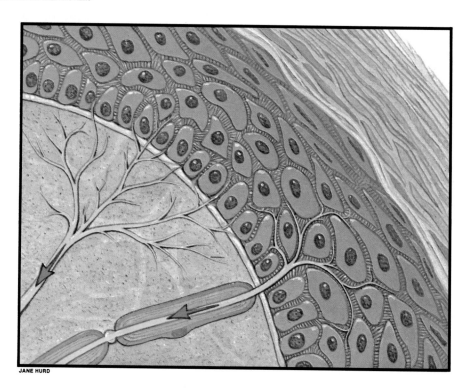

JANE HURD

¡Aaay! Esta niña se queja al rasguñarse con el alambre de la cerca. "Traté de pasar entre los alambres. No quise abrir la verja", dijo. "Quedé atrapada entre las púas del alambre, y duele." Hay dos clases de dolor. Al principio, sientes un breve dolor punzante. Luego sientes un dolor más difuso y ardiente. La primera clase de dolor viaja a lo largo de las fibras nerviosas mielínicas y llega rápidamente al cerebro. La segunda clase viaja a lo largo de las fibras no mielínicas y se mueve más lentamente.

Tus Sentidos en Acción

Para algunas personas, el tacto hace algo más que informar si los objetos son duros o blandos. Muchos ciegos se apoyan en el sentido del tacto para aprender más sobre el mundo en el que viven. Usan el sentido del tacto para leer.

Muchos ciegos leen gracias a un sistema especial de impresión que se llama Braille. La página impresa en Braille tiene pequeños puntos en relieve en lugar de letras impresas sobre papel. Leen tocando los puntos en relieve con las yemas de sus dedos.

Los invidentes aprenden a concentrarse en su sentido del tacto porque dependen principalmente de él. Esto es un ejemplo de cómo podemos aprender a adaptarnos si uno de nuestros sentidos no funciona adecuadamente. La gente aprende a utilizar más los demás sentidos cuando uno de ellos falla.

Muchas personas pueden desarrollar sus sentidos si los ejercitan con el uso. Por ejemplo, los gustadores profesionales de té desarrollan un sentido excelente del gusto y el olfato. Por el aroma y el sabor de una muestra de té, pueden decir de qué país viene el té. Los creadores de perfumes desarrollan un sentido superfino del olfato. Con un simple olfateo, los perfumeros pueden distinguir un ingrediente de una mezcla que contenga cientos de ingredientes más.

Los músicos se vuelven expertos al separar los sonidos de cada instrumento en una orquesta. El pintor puede apreciar la diferencia de tonos de la pintura que pueden parecer iguales a la mayoría de los observadores. Con años de práctica, la gente desarrolla los sentidos que más necesita.

Puede suceder que te des cuenta de cómo uno o más de tus sentidos empiezan a cambiar a medida que pasa el tiempo y que te pase como al abuelo, cuya visión o audición no son tan buenas cómo lo fueron alguna vez. Esto forma parte de la vida, algo por lo que pasaremos todos. Las gafas y los aparatos auditivos normalmente ayudan a la gente a solucionar los problemas que tienen con sus sentidos.

La visión, el gusto, el olfato, la audición y el tacto trabajan arduamente para ti. Desde el momento en que naciste, empezaste a experimentar el mundo mediante tus sentidos. Y, cada día de tu vida, seguirás dependiendo de ellos.

Las llamas se levantan de una cabaña durante la presentación de una obra de teatro (izquierda). El fuego se había encendido porque era parte del desarrollo de la obra. Aunque en realidad es una escena fingida, el calor intenso que se desprende del fuego es real. En la piel del actor, las terminaciones nerviosas libres responden al calor excesivo y avisan al cuerpo del actor de las temperaturas elevadas.

FOTÓGRAFO DE LA N. G. S. BRUCE DALE (PÁGINA OPUESTA)

Si tocaras una ventana cubierta de nieve, sentirías el frío en tus dedos (derecha). Las terminaciones nerviosas libres en las yemas de los dedos perciben las temperaturas bajas. No utilizas sólo el sentido del tacto mientras estás junto a la ventana. Escuchas el ruido de tu autobús escolar y vigilas a los gansos y los patos que se mueven en la nieve. Tus cinco fantásticos sentidos, son tu ventana auténtica hacia el mundo.

Tus Sentidos... y Algo Más

A medida que fuiste leyendo este libro, aprendiste muchas cosas sobre tus receptores sensitivos y tu sistema nervioso. Averiguaste que los receptores detectan lo que ocurre a tu alrededor. Descubriste que los impulsos nerviosos son transmitidos al cerebro desde los receptores sensitivos. Y aprendiste que el cerebro ayuda a controlar todo el cuerpo interpretando esos mensajes y dando órdenes.

Has aprendido mucho, pero todavía queda mucho que descubrir sobre tus cinco sentidos. Los científicos intentan continuamente saber nuevas cosas sobre el cerebro y los sentidos. En el espacio, cuando la cápsula espacial Columbia daba vueltas a la Tierra, se efectuaron experimentos que tenían que ver con los receptores del equilibrio en el oído interno. Se trataba de descubrir qué es lo que origina la enfermedad del espacio, una sensación de náusea y vértigo que afecta a menudo a los astronautas.

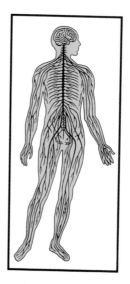

MEDIANTE LA COMPLEJA RED CORPORAL DE COMUNICACIONES (EL CEREBRO, LA MÉDULA ESPINAL, LOS NERVIOS PERIFÉRICOS Y LOS RECEPTORES SENSITIVOS) PUEDES EXPERIMENTAR EL MUNDO Y REACCIONAR A ÉL.

Cuestión de Gusto

A muchos científicos de hoy día les preocupa cómo alimentaremos a la población del mundo en crecimiento. Hay ya más de 4,500 millones de seres sobre la Tierra y ese número se incrementa en cerca de 82 millones cada año. A medida que aumenta la población, deben descubrirse nuevas fuentes de alimentos.

Los investigadores del gusto están trabajando para solucionar ese problema. Al estudiar los sabores y encontrar los modos de fabricarlos, los científicos confían en que el gusto a los nuevos alimentos será más aceptable a los seres humanos.

Husmeando en los Hechos

Los investigadores están descubriendo más sobre cómo los olores ayudan a controlar el comportamiento humano. Se ha demostrado que la gente es capaz de identificar a otras personas sólo con el olor. Pudiera ser que las personas se atraen mutuamente por algunos olores de los que no se dan cuenta.

Los olores humanos son importantes por otras razones. Ciertas enfermedades, la diabetes por ejemplo, pueden ser detectadas analizando el olor de la respiración. Los investigadores están ahora estudiando cómo usar los olores para que los médicos puedan reconocer y tratar muchas enfermedades.

Enfermedades de los Ojos

Se ha inventado una herramienta eficaz, el láser, para tratar muchas enfermedades de los ojos. Con un rayo de

luz de alta intensidad, el láser especialmente enfocado, los médicos pueden ahora cicatrizar los desprendimientos de la retina, sellar los vasos sanguíneos rotos y evaporar el tejido canceroso. Pueden abrir vías para drenar el exceso de líquido del globo ocular. Antes de empezar a usarse el láser el tratamiento de esas enfermedades oculares era más difícil.

De Cara al Futuro

Quedan por descubrir muchas cosas sobre el sentido del tacto. Por ejemplo, los científicos desean conocer más sobre cómo se transmiten y se analizan los mensajes de lesión en el cerebro. Una de las metas es descubrir nuevas maneras de controlar las sensaciones de dolor. Los investigadores han demostrado que el cerebro contiene sustancias que pueden reducir esas sensaciones.

El Estudio del Cerebro

Para muchos investigadores, el cerebro es la parte más desafiante de la red de comunicaciones del cuerpo. Los científicos han descubierto muchas cosas acerca de la estructura del cerebro. Pero todavía hay muchos misterios sobre cómo actúa el cerebro. Por ejemplo, no se sabe todavía cómo el cerebro reconoce los objetos o cómo funciona la memoria. Se está todavía investigando cómo el cerebro controla el razonamiento, la imaginación y las emociones.

¿Por qué algunas personas son más inteligentes o más creativas que otras? ¿Qué es lo que modela la personalidad de un individuo? ¿Cómo son capaces los humanos de reconocerse a sí mismos como individuos? Preguntas como éstas han intrigado al ser humano durante siglos. Pero las respuestas todavía no están a punto.

Algo Acerca de los Otros Sentidos

Después de todo lo que has leído, no te va a sorprender el que sepas que tienes más de cinco sentidos. Acabas de leer sobre uno de ellos, el sistema vestibular que envía mensajes a tu cerebro sobre la posición y el movimiento de tu cabeza. Se piensa que el hombre posee muchos más sentidos, tal vez veinte o más. Muchos de ellos trabajan sin que te des cuenta de ello. La visión, el gusto, el olfato, la audición y el tacto son únicamente los sentidos que conocemos mejor.

Receptores sensitivos especiales detectan las cosas que ocurren en el interior de tu cuerpo. Por ejemplo, algunos de esos receptores detectan la presión de la sangre que fluye a través de tu cuerpo. También miden cuánto azúcar contiene la sangre. Otros, localizados en músculos y articulaciones, detectan la posición y el movimiento de las partes de tu cuerpo, como los brazos y las piernas.

Con un sencillo experimento te darás cuenta de cómo trabajan algunos de esos receptores. Cierra los ojos y trata de tocar la yema de tu dedo índice izquierdo con el derecho. No lo lograrás fácilmente sino sólo después de uno o dos intentos. Eres capaz de tocar las yemas con los ojos cerrados gracias a receptores sensitivos que detectan la posición y el movimiento de tus pies y brazos.

Los mensajes de esos receptores son tan importantes como los mensajes de los demás sentidos. Tu cerebro usa la información que le llega de cada órgano de los sentidos para regular tu cuerpo. En el futuro se descubrirán más sentidos. Tal vez algún día leas un libro acerca de ¡tus fantásticos 50 sentidos!

El paseo acuático activa los sentidos de Helima (foto de la izquierda) y Alexa , ambas de 12 años. Las dos niñas se divierten en un parque de diversiones .

PAT LANZA FIELD

Glosario

ampolla — la dilatación en forma de bulbo en las terminaciones de los conductos semicirculares y en la que se encuentran las células ciliares

áreas de asociación — las zonas de la corteza cerebral que analizan, procesan y probablemente almacenan la información que reciben desde los receptores sensitivos y desde otras zonas de la corteza

aurícula — la oreja, la lámina de piel a cada lado de tu cabeza

axón — la prolongación de una neurona que pasa mensajes a otras neuronas

bastones y conos — células receptoras especializadas en la retina que reaccionan a la luz y la transforman en impulsos eléctricos

bulbo olfatorio — zona del cerebro que retransmite los mensajes que le llegan desde los receptores olfatorios en la nariz, a otras zonas del cerebro

canales semicirculares — las tres asas llenas de líquido en el oído interno que contienen receptores sensitivos; los receptores detectan el movimiento y la posición de la cabeza

células ciliares — aquellas que se encuentran en el oído interno y que captan el movimiento y lo pasan a las fibras nerviosas, las que lo conducen al cerebro en forma de impulsos nerviosos

cerebro — la parte principal del encéfalo, en donde ocurren el pensamiento, el aprendizaje y la memoria ; está dividido por la mitad y los dos hemisferios llenan las dos partes del encéfalo

cilios — prolongaciones delgadas y parecidas a pelos sobre la superficie de algunas células

cóclea — la estructura en forma de caracol del oído interno, en la que las ondas sonoras se transforman en impulsos nerviosos

conducto auditivo — la parte del oído externo a través de la cual viajan las ondas sonoras hasta llegar al tímpano

conducto coclear — uno de los tres conductos que forman la cóclea

conducto de Eustaquio — conducto que conecta el oído medio y la faringe; equilibra la presión aérea a ambos lados del tímpano

córnea — disco transparente en la parte anterior de la cara externa del globo ocular. Permite que formen foco los rayos de luz que entran al ojo

coroides — la capa de tejido delgado y pigmentada que recubre el ojo y nutre la retina exterior

corpúsculos de Meissner — receptores sensitivos en la piel que reaccionan a la presión y al tacto

corpúsculos de Merkel — receptores sensitivos en la piel que reaccionan a la presión y al tacto

corpúsculos de Pacini — receptores del tacto y la presión que reacciona a los cambios rápidos de presión como la vibración

corteza auditiva — parte de la corteza cerebral que es la zona receptora principal de los impulsos nerviosos que llegan desde el órgano de Corti en el oído interno

corteza cerebral — parte exterior de los hemisferios cerebrales que es la responsable de las funciones mentales, como el pensamiento la memoria y la imaginación, y también del movimiento y otros comportamientos

corteza gustatoria — parte de la corteza cerebral que es la zona que recibe más mensajes desde los receptores del gusto en la boca

corteza olfatoria — zona receptora principal, en la corteza cerebral, de la información del olfato desde la nariz

corteza somatosensitiva — zona principal de la corteza cerebral para los mensajes que llegan desde los receptores sensitivos que se encuentran en la piel o debajo de ella

corteza visual — zona receptora principal de la corteza cerebral para la información visual que llega desde la retina del ojo

cristalino — cuerpo curvo transparente situado detrás de la pupila y el iris del ojo que permite que los rayos de luz formen foco sobre la retina

cuerpo calloso — masa grande de fibras nerviosas que conecta los hemisferios izquierdo y derecho del cerebro

decibel — unidad empleada para medir el volumen de los sonidos

dendritas — pequeñas prolongaciones, delgadas, de la neurona que reciben impulsos de otras neuronas y las envía al cuerpo celular

epiglotis — lamina fibrocartilaginosa que cubre el orificio de la laringe y evita, durante la deglución, que la comida pase a los pulmones

epitelio olfatorio - capas de delicado tejido dentro de la parte superior de cada fosa nasal que contienen los receptores olfatorios y las glándulas secretoras de moco, de Bowman

esclerótica — la membrana exterior del ojo, blanca y dura, que cubre la mayor parte del globo ocular

estribo — el más interno de los tres huesillos del oído medio

fóvea — fosa o depresión pequeña de la retina en la que existe una gran concentración de conos; en ella se produce la visión más clara y aguda

glía — células nerviosas especializadas que sostienen y nutren a las neuronas

hipermetropía — estado del ojo en el que los objetos distantes se ven claros y los cercanos borrosos, debido a que los rayos de luz desde los objetos cercanos forman foco detrás de la retina en vez de en ella

iris — parte coloreada del ojo alrededor de la pupila que cambia de tamaño para regular la cantidad de luz que pasa a la retina

mancha ciega — punto en donde el nervio óptico abandona el ojo; en él no hay conos ni bastones

martillo — el más exterior de los tres huesillos del oído medio

melanina — pigmento oscuro que colorea tu pelo, piel y ojos; en tus ojos, la melanina protege a los tejidos sensibles, de la luz brillante

membrana basilar — membrana flexible de la cóclea sobre la que se apoya el órgano de Corti en el oído interno

membrana otolítica — capa gelatinosa de tejido que se encuentra en el utrículo y el sáculo y que contiene los otolitos, unos diminutos cristales

mielina — sustancia blanca grasa que recubre los axones de algunos nervios; permite que se aceleren los impulsos nerviosos a lo largo de las vías que llegan y salen del cerebro

miopía — estado del ojo en el que los objetos cercanos aparecen claros y los objetos distantes borrosos, debido a que los rayos de luz desde los objetos distantes forman el foco antes de llegar a la retina

moco — sustancia viscosa y fluida, producida por células especializadas del cuerpo; protege y humedece el tejido frágil

nervio acústico — el nervio que se forma con la unión de los nervios vestibular y auditivo; lleva al cerebro los mensajes de la audición y del equilibrio desde el oído interno

nervio auditivo — el que transmite las señales desde el órgano de Corti en el oído interno, al cerebro

nervio óptico — el nervio que conduce los mensajes desde el ojo al cerebro

nervios motores — los nervios que conducen los mensajes desde el sistema nervioso central a los músculos y órganos del cuerpo

nervios sensitivos — los nervios que conducen los mensajes, desde los receptores sensitivos, hasta el sistema nervioso central

nervio vestibular — el nervio que conduce las señales del sistema vestibular, en el oído interno, hacia el cerebro

neurona — la célula conductora del sistema nervioso, constituida por el cuerpo celular, las dendritas y uno o más axones

neurotransmisores — mensajeros químicos, almacenados en las vesículas de las sinapsis, que transmiten las señales eléctricas de una neurona a otra

oído externo — la oreja y el conducto auditivo; la oreja recoge las ondas sonoras en el aire y las dirige, a lo largo del conducto auditivo, al tímpano

oído interno — parte del aparato auditivo que contiene el órgano de la audición, llamado órgano de Corti, y los órganos del equilibrio (los canales semicirculares, el utrículo y el sáculo)

oído medio — pequeña cavidad entre el martillo y la cóclea; contiene los tres huesillos: martillo, yunque y estribo

órgano de Corti — la parte del oído interno que contiene las células ciliares que envían los impulsos nerviosos a través del nervio auditivo al cerebro

órganos de Ruffini — receptores sensitivos en la piel que reaccionan a la presión y al tacto

papilas gustativas — los finos órganos del gusto en la boca que reaccionan a las sustancias químicas de la comida y la bebida

pigmentos — sustancias en los tejidos a los que les dan el color

pupila — abertura en el centro del iris que regula la cantidad de luz

quiasma óptico — zona del cerebro en la que algunas fibras nerviosas de cada ojo se entrecruzan en forma de X; las fibras que llegan del lado derecho de cada ojo se dirigen al lado derecho del cerebro y las que llegan del lado izquierdo se dirigen al lado izquierdo de cerebro

retina — membrana de tejido nervioso, sensible a la luz, que reviste el ojo, en la que las imágenes se convierten en señales eléctricas que son enviadas al cerebro

rodopsina — pigmento sensible a la luz en los bastones del ojo

sensores químicos — los receptores sensitivos en la boca y nariz que reaccionan a las sustancias químicas de los alimentos que comes y del aire que respiras

sinapsis — la región entre dos neuronas, en donde las señales eléctricas de una pasan a la segunda mediante la liberación de un transmisor químico

sistema nervioso — el cerebro, la médula espinal y el conjunto de nervios que constituyen la red de comunicaciones internas del cuerpo

sistema nervioso autónomo — parte del sistema nervioso periférico que tiene que ver con la regulación de las acciones automáticas en el interior del cuerpo, como la respiración, el latido cardíaco y la digestión

sistema nervioso central — el cerebro y la médula espinal que reciben información desde los receptores sensitivos, la procesan y envían impulsos motores a los músculos

sistema nervioso periférico — la red nerviosa por todo el cuerpo que conduce los mensajes al sistema nervioso central y desde él

tálamo — núcleo encima del tallo encefálico que es el centro principal de retransmisión de los impulsos sensitivos y la información del cuerpo a la corteza cerebral

tallo encefálico — la parte del cerebro que se encuentra entre la médula espinal y los hemisferios cerebrales

terminaciones nerviosas libres — receptores sensitivos que reaccionan al calor, el frío y la lesión corporal

tímpano — membrana flexible, delgada, que separa el oído externo del medio

utrículo y sáculo — las dos estructuras en forma de saco del oído interno que proporcionan la información sobre la posición y el movimiento de la cabeza

vesícula sináptica — diminuto aparato en forma de saco lleno de productos químicos en la punta de un axón donde se almacenan los transmisores

visión periférica — el borde exterior del campo visual

yunque — uno de los tres huesillos en el oído medio

Índice

Los números **en negrilla** indican ilustración. Los números normales se refieren al texto.

MENSAJEROS AL CEREBRO
Nuestros Fantásticos Sentidos

PUBLICADO POR LA
NATIONAL GEOGRAPHIC SOCIETY
WASHINGTON, D.C.

Gilbert M. Grosvenor, *President*
Melvin M. Payne, *Chairman of the Board*
Owen R. Anderson, *Executive Vice President*
Robert L. Breeden, *Vice President,
Publications and Educational Media*

PREPARADO POR LA
DIVISIÓN DE PUBLICACIONES ESPECIALES
Y DE SERVICIOS ESCOLARES

Donald J. Crump, *Director*
Philip B. Silcott, *Associate Director*
William L. Allen, William R. Gray, *Assistant Directors*

EDICIÓN EN ESPAÑOL

Pedro Larios Aznar, *Revisión Técnica y Adaptación*
María Teresa Sanz de Larios, *Editora*
Maia Larios Sanz, *Traductora*

Coedición:
C.D. Stampley Enterprises, Inc.
Promociones Don d'Escrito, S.A. de C.V.